Eckhard Bieger SJ

# Die Feste im Kirchenjahr

Eckhard Bieger SJ

# Die Feste im Kirchenjahr

## Entstehung, Bedeutung, Brauchtum

benno VERLAG

Bibliografische Information Der Deutschen Bibliothek

Die Deutsche Bibliothek verzeichnet diese Publikation
in der Deutschen Nationalbibliografie;
detaillierte bibliografische Daten sind im Internet über
http://dnb.ddb.de abrufbar.

ISBN 3-7462-1990-6

Stammerstr. 11, 04159 Leipzig
www.st-benno.de
Umschlaggestaltung: Ulrike Vetter, Leipzig,
unter Verwendung eines Fotos von KNA-Bild
Gesamtherstellung: Kontext, Lemsel

# INHALT

# EINFÜHRUNG

Einmal im Jahreskreislauf werden die wichtigen Themen der menschlichen Existenz angesprochen. Die Geburt an Weihnachten, die verkehrte Welt im Karneval, Tod und Auferstehung in der Karwoche und an Ostern, das Geschenk des Geistes, Erntedank und Totengedenken bis zum Ausblick auf das Ende der Welt. In diesen thematischen Ablauf sind die Heiligenfeste eingewoben. Sie beziehen sich auf den Todestag der Heiligen bzw., wenn dieser nicht überliefert wurde, die Weihe einer Kirche auf den Namen des Heiligen. Das Kirchenjahr umfasst demnach zwei Zyklen: einmal die Feste, die sich am Leben und Sterben Jesu ausrichten, es wird auch das Herrenjahr genannt, zum anderen der Heiligenkalender. Das Kirchenjahr beginnt nicht an Neujahr, sondern mit dem 1. Advent und endet mit dem Christkönigssonntag im November.

Grundstruktur des Jahres sind die Sonntage, als Erinnerung und Vergegenwärtigung der Auferstehung Jesu. Innerhalb des Herrenjahres sind zwei große Festkreise herausgehoben. Vom 1. Advent bis zum 6. Januar die Advents- und Weihnachtszeit, von Aschermittwoch bis Pfingsten die Fasten- und Osterzeit. Da die Kirchen der Reformation dem gleichen Festkalender wie die katholische Kirche folgen und viele Heiligengedenktage beibehalten haben, ist das Kirchenjahr ein Grundpfeiler der Ökumene.

*Eckhard Bieger*

# DAS KIRCHENJAHR IM ÜBERBLICK

| *katholisch* | | *evangelisch* |
| --- | --- | --- |
| | Advent<br>Heiligabend (24.12.)<br>Weihnachten (25.12.)<br>Erscheinung des Herrn<br>Epiphanie (6.1.) | |
| Taufe des Herrn<br>(So. nach Epiphanie)<br>Sonntage im Jahreskreis<br>(bis Aschermittwoch) | | Sonntage nach<br>Epiphanie |
| | Gebetswoche für die Einheit<br>der Christen<br>(18.–25.1. oder vor Pfingsten)<br>Darstellung des Herrn,<br>Lichtmess (2.2.) | |
| | Aschermittwoch<br>Fastenzeit<br>Weltgebetstag der Frauen | |
| | Palmsonntag<br>Gründonnerstag<br>Karfreitag<br>Karsamstag<br>Ostern | |
| | Christi Himmelfahrt<br>Pfingsten<br>Dreifaltigkeitssonntag (Trinitatis) | |

| *katholisch* | | *evangelisch* |
|---|---|---|
| Fortsetzung der Sonntage im Jahreskreis (bis Christkönig)<br>Fronleichnam (Do. nach dem Dreifaltigkeitssonntag)<br>Herz-Jesu-Fest (Fr. in der Woche nach Fronleichnam)<br>Aufnahme Mariens in den Himmel (15.8.) | | Sonntage nach Trinitatis |
| | Erntedank (meist am1. So. im Oktober ) | |
| Allerheiligen (1.11.)<br>Allerseelen (2.11.) | | Reformationsfest (31.10.)<br>Buß- und Bettag (Mi. vor dem Ewigkeitssonntag) |
| Christkönigs-sonntag | Letzter Sonntag im Kirchenjahr | Ewigkeitssonntag/ Totensonntag |

# ADVENT

Advent heißt Ankunft. Am Beginn der Adventszeit ist die endgültige Wiederkunft Christi am Ende der Welt Thema. Im zweiten Teil des Advents weisen Propheten und Johannes der Täufer, der von den Christen als Vorläufer verehrt wird, auf das Kommen des Messias hin. Maria hat deshalb eine besondere Bedeutung im Advent, weil Gott die Menschwerdung seines Sohnes von ihr abhängig gemacht hat. Gott stülpt den Menschen das Heil nicht über, sondern tritt mit ihnen in den Dialog. Maria hatte dem Erzengel Gabriel geantwortet: „Ich bin die Magd des Herrn; mir geschehe, wie du es gesagt hast.“ Mit dieser Antwort steht sie auch stellvertretend für ihr Volk, sie wird die Mutter des Messias, d. h. des Gesalbten, den das Volk über Generationen erwartet hat. Maria hat damit für den Glauben jedes Einzelnen eine große Bedeutung, sie hat als Person auf Gottes Anfrage geantwortet.
Der Advent dauerte in den ersten Jahrhunderten wie die Fastenzeit 40 Tage. In der gallischen Kirche und in Spanien lag der Beginn in der Novembermitte, daher gibt es am Vorabend dieses langen Advents am 11. November eine Art Karneval, es wird geschlachtet und alles aufgegessen, was man in der Fastenzeit vor Weihnachten nicht verzehren durfte (St. Martin, 11. November). In Rom hat Papst Gregor um 600 die Zahl der Adventssonntage auf vier redu-

ziert. Je nachdem, auf welchen Wochentag Weihnachten fällt, beginnt der Advent zwischen dem 27. November und dem 3. Dezember.

### *Adventskalender*

Damit Kinder sich auf Weihnachten vorbereiten können, erhalten sie einen Adventskalender. Er zählt die Tage vom 1. bis 24. Dezember. Vorausgegangen waren im 19. Jahrhundert Abreißkalender, man konnte auch die Tage mit Kreidestrichen zählen oder durch Tageskerzen, auf denen die Zählung aufgebracht war. Es gab auch sog. Weihnachtsuhren oder Weihnachtsleitern mit jeweils einer Stufe für jeden Tag. Wahrscheinlich druckte der Verleger Gerhard Lang 1908 den ersten Kalender mit den aufklappbaren Türchen. Die Nazis versuchten, die christlichen Hinweise durch Märchenmotive zu verdrängen.

### *Adventskranz*

Der Gründer des „Rauhen Hauses" in Hamburg, Johann Hinrich Wichern, führte im 19. Jahrhundert für Adventsandachten in dieser von ihm gegründeten sozialen Einrichtung einen Kranz von Tannenzweigen ein. Er gebrauchte noch 24 Kerzen. Der Adventskranz mit vier Kerzen wurde nach dem 1. Weltkrieg zum allgemeinen Brauch. Lichter zu entzünden, ist nicht nur durch den dunklen Winter motiviert, sondern das Licht steht für Christus. Als

Maria und Josef das Kind in den Tempel bringen, begrüßt der Prophet Simeon das Kind, „ein Licht, das die Heiden erleuchtet, und Herrlichkeit für das Volk Israel“ (Lukas 2,32).

## QUATEMBER-TAGE IM ADVENT

Früher gab es in jedem Vierteljahr herausgehobene Wochentage, jeweils am Mittwoch, Freitag und Samstag in der ersten Woche einer neuen Jahreszeit. Von der Zahl „Vier“ der Jahreszeiten leitet sich auch der Name Quatember, von lateinisch quartus - vier her. Es waren Buß- und Fasttage, die der Erneuerung dienten. Sie liegen für den Advent in der Woche nach dem 1. Adventssonntag.

### *Rorate-Messen*

Rorate ist das Anfangswort des Eingangsverses (Ro rate caeli desuper - Tauet Himmel ... Jesaja 45,8). Sie stellen Maria in den Mittelpunkt, die den Sohn Gottes empfangen hat. Rorate-Messen werden an den Samstagen oder an anderen Tagen bis zum 16. Dezember gefeiert.

## BARBARA
## 4. DEZEMBER

Hirten brachten beim Almabtrieb Kirsch- der Apfelzweige mit, die sie in Wasser stellten. Die Zweige sollen Weihnachten blühen. Die Zahl der Blüten wurde als Hinweis interpretiert, wie das nächste Jahr verlaufen würde. Dieser Orakelbrauch ist mit dem Fest der hl. Barbara verknüpft worden. Barbara wurde von ihrem Vater in einen Turm eingesperrt und dann, als sie sich heimlich taufen ließ, der römischen Gerichtsbarkeit ausgeliefert. Sie starb den Martyrertod. Nach einer Legende hat sie in ihrer Gefangenschaft einen Zweig zum Blühen gebracht.

## NIKOLAUS
## 6. DEZEMBER

Nikolaus von Myra hat wahrscheinlich noch die letzte Christenverfolgung unter Diokletian erlebt, war ein sozial eingestellter Bischof und wurde in Myra begraben. Sein Grab wurde schon bald verehrt. Als die Türken heranrückten, nutzten Kaufleute aus dem süditalienischen Bari das als Vorwand, die Reliquien aus dem Grab mitzunehmen. Am 8. Mai 1087 erreichten sie den heimatlichen Hafen. Der Tag wird bis heute mit einer großen Schiffsprozession begangen. Der in Bari liegende Schädel entspricht der Kopfform früher Ikonen, die Nikolaus darstellen.

### *Patron der Kinder*

Zum Patron der Kinder wurde Nikolaus durch folgende Überlieferung: Als er noch nicht Bischof war, hatte er von einem verarmten Kaufmann erfahren, der seinen drei Töchtern keine Aussteuer bieten konnte. Es bestand die Gefahr, dass die drei Mädchen in der Tempelprostitution landen würden. Ni-

kolaus wollte unerkannt bleiben und warf nachts den Dreien durchs Fenster jeweils ein Goldstück. Deshalb wird er auf vielen Bildern mit drei Goldkugeln dargestellt. Der so genannte Einlegebrauch, dass Nikolaus nachts Kindern etwas in die herausgestellten Schuhe oder Strümpfe legt, geht auf diese Legende zurück.
Da Nikolaus auch Patron der Schiffsleute ist, finden sich in alten Hafenstädten häufig Nikolauskirchen. Nikolaus ist auch Patron der Bäcker und der Weinhändler.

***Der Kinderbischof***
Im Mittelalter wurde in den Klosterschulen am Nikolaustag einer der Schüler zum Abt eingesetzt. Anderswo wurden Kinderbischöfe für einen Tag auf dem Bischofsstuhl inthronisiert. Auf jeden Fall hatten die Kinder Anspruch auf ein Geschenk ihrer Paten, die wiederum von den Eltern am Neujahrstag ein Gegengeschenk erhielten, Ursprung des heutigen Neujährchens für einzelne Dienstleistungsberufe. Die Aufklärung hat den Heiligen pädagogisiert und lässt ihn als himmlischen Richter auftreten, der sich wie Gott selbst aufspielt und den Kindern die Straftaten vorhält, die Eltern und Erzieherinnen ihm ins Buch geschrieben haben. Im Mittelalter war es anders, so wie es noch in einigen theologischen Hochschulen und Internaten Brauch ist, dass die Studierenden und Schüler am Nikolaustag das Lehrpersonal aufs Korn nehmen dürfen.

## OHNE ERBSÜNDE EMPFANGENE JUNGFRAU UND GOTTESMUTTER MARIA, 8. DEZEMBER, „UNBEFLECKTE EMPFÄNGNIS"

Der 8. Dezember korrespondiert mit dem älteren Fest, dem 8. September, Mariä Geburt. Das Fest der Empfängnis Marias wurde ursprünglich im Osten „Empfängnis der hl. Anna" genannt. Es wurde seit dem 8. Jahrhundert gefeiert. Der 8. Dezember feiert allerdings nicht ein biologisches Faktum, sondern die „Unbefleckte Empfängnis", dass Maria von Gott aus dem Zusammenhang der Erbsünde herausgenommen ist. Dieser Schuldzusammenhang, in den ein Mensch hineingeboren wird, beginnt mit dem Sündenfall im Paradies. Die Geschichte vom Biss in den Apfel erläutert, warum wir uns nicht mehr im Paradies vorfinden. Die Tourismuswerbung verspricht uns, dass wir wenigstens im Urlaub in das verlorene Paradies zurückkehren können. Dass Maria „ohne Erbsünde" empfangen wurde, nicht „befleckt" war, findet die Kirche in der Anrede des Engels, als dieser die Kammer der jungen Frau in Nazaret betritt: „Sei gegrüßt, du begnadete, der Herr ist mit dir." (Lukas 1,1–28)

### *Die O-Antiphonen*

An den letzten sieben Tagen vor Weihnachten, vom 17. bis 23., werden die O-Antiphonen gebetet oder gesungen. Diese Messen geben dem Advent einen besonderen Charakter und wurden früher durch szenische Darstellungen wie die Begegnung Marias mit dem Erzengel Gabriel und anderen Begebenheiten der Kindheitsgeschichte herausgehoben. Die O-Antiphonen, Gebetsverse, die wiederholt werden, bereiten auf das Kommen Christi vor.

## „GEBURTSTAG" VON ADAM UND EVA 24. DEZEMBER

Lukas verfolgt den Stammbaum zurück und endet bei Adam (Kap. 3,38) und damit an dem wirklichen Beginn der Geschichte, denn erst der Sündenfall macht die Erlösung notwendig. Paulus sieht in Jesus den neuen Adam. Maria ist die neue Eva. Direkt nach dem Sündenfall wird auf eine Frau und ihr Kind hingewiesen, eine weitreichende Aussage, die sich mit der Geburt Jesu erfüllt hat. Gott kündigt der Schlange an: „Feindschaft setze ich zwischen dich und die Frau, zwischen deinen Nachwuchs und ihren Nachwuchs. Er trifft dich am Kopf und du triffst ihn an der Ferse." (Genesis 3,14f). Die Erlösung ist nur verständlich zu machen, wenn auch von dem Sündenfall gesprochen wird, der überhaupt erst die Erlösung notwendig machte. In den Krippenspielen wurde daher auch die Paradiesesszene dargestellt und der Paradiesesbaum lebt im Weihnachtsbaum fort.

## HEILIGER ABEND 24. DEZEMBER

Mit dem Vorabend eines Festes beginnt nach jüdischem Brauch das Fest. In der katholischen Tradition ist der Beginn die Vesper am Vortag, die 1. Vesper von Weihnachten, die gegen 18 Uhr gebetet wird. Man sagt, in der Weihnachtsnacht geschieht Außergewöhnliches: Tiere können reden, Bäume blühen und tragen Früchte, die Glocken versunkener Kirchen läuten.

## GEBURT DES HERRN, WEIHNACHTEN

### 25. DEZEMBER
### 1. WEIHNACHTSFEIERTAG

Uns erscheint Weihnachten als das eigentlich christliche Fest. Gott wird Mensch, er erbarmt sich der Sünder, er ist solidarisch mit den Armen. Ist unsere Rettung nicht schon geschehen, wenn die Hirten das Kind in der Krippe verehren und die drei Weisen aus dem Morgenland, im Traum durch einen Engel gewarnt, Herodes den Aufenthaltsort des Kindes nicht verraten? Woher sollten die Zeitgenossen Jesu aber wissen, dass er der erwartete Messias, der Gesalbte, der Erretter Israels tatsächlich ist? Was sich in der Verfolgung durch Herodes und im Kindermord von Betlehem schon andeutet: Dieses Kind wird keinen einfachen Weg gehen. Als junger Mann wird er am Kreuz enden und damit werden erst einmal alle Hoffnungen zerstört. Daher war die Auferstehung, mit der die Jünger nach dem Desaster des Karfreitages nicht gerechnet hatten, der eigentliche

Wendepunkt. Weihnachten war für die ersten christlichen Generationen daher von nachrangigem Interesse. Erst später wurde die Bedeutung der Menschwerdung des Sohnes Gottes erkannt. Weihnachten hat theologische Wurzeln, die bis in das Brauchtum heute noch lebendig sind. Um die Wende zum 4. Jahrhundert entstand die Frage, ob der Sohn Gottes ein Geschöpf ist oder wie Gott verehrt werden sollte. Für das griechische Denken konnte das Vollkommene nicht aus vielem bestehen, je vollkommener, desto größer die Einheit. Wenn Gott Einer ist, dann kann Gottes Sohn nicht wirklich Gott sein, sondern er ist ein Geschöpf, sicher das erste und am höchsten stehende Geschöpf, aber doch geschaffen. Der Priester Arius propagierte diese Sicht und fand in Athanasius, dem Patriarchen von Alexandrien, seinen Widerpart. 325 entschied das von Kaiser Konstantin einberufene Konzil von Nicäa, dass der Sohn wesensgleich mit Gott, dem Vater ist, "nicht geschaffen, sondern gezeugt, Gott von Gott, wahres Licht vom wahren Licht, eines Wesens mit dem Vater", wie es im Glaubensbekenntnis bis heute in den Kirchen in Ost und West heißt. Die Bedeutung dieses Bekenntnisses für den westeuropäischen Raum zeigt sich daran, dass der Frankenkönig Chlodwig am Weihnachtstag 498 getauft wurde, Karl d. Gr. wurde an Weihnachten im Jahr 800 in Rom zum Kaiser gekrönt, 831 hat eine Synode in Mainz den Weihnachtstermin am 25. Dezember bestätigt. Wie kommt es aber zum Termin für Weihnachten am 25. Dezember?

*Tag der Wintersonnenwende*

Der Termin des Weihnachtsfestes hängt mit der Wintersonnenwende zusammen. Das Weihnachtsfest entstand in Rom, weil dort am Tag der Wintersonnenwende das Fest des „sol invictus“, des unbesiegten Sonnengottes, begangen wurde. Dieses Fest war erst 274 n. Chr. durch Kaiser Aurelian eingeführt worden. Das war der letzte Versuch, dem römischen Reich eine gemeinsame religiöse Grundlage zu geben. Um die Christen gegen dieses Fest zu immunisieren, setzte die Kirche dem heidnischen Sonnengott die „wahre Sonne“, das „wahre Licht der Welt“ entgegen. Die Behauptung von Volkskundlern ist unzutreffend, der Festtermin leite sich vom germanischen Julfest her. Das lag im Januar, und eine Weihnachtstradition gab es bereits vor der Völkerwanderung. Da es für den Geburtstermin Jesu, anders als für den Tag seiner Hinrichtung, keine Überlieferung gab, musste man den Termin durch genaues Studium der biblischen Texte erschließen. Die Christen fanden folgenden Hinweis in den eigenen Texten: Zwischen der Geburt Johannes d. Täufers und der Jesu liegen 6 Monate (Lukas 1,36). Die Geburt des Täufers wird am Tag der Sommersonnenwende, dem 24. Juni gefeiert. Im Johannesevangelium wird folgendes Wort des Täufers über Jesus berichtet: Ihr selbst könnt mir bezeugen, dass ich gesagt habe: „Ich bin nicht der Messias, sondern nur ein Gesandter, der ihm vorausgeht ... Er muss wachsen, ich aber muss kleiner werden“ (Johannes 3,28. 30). Dieses Wort wurde auf die Sonne bezogen. Nach

dem Fest des Täufers nimmt die Sonne ab, nach dem Fest der Geburt Christi nimmt die Sonne zu.
Die Geburt Jesu am Tag der Wintersonnenwende symbolisierte für die Menschen der Antike, dass Gott mit diesem Kind das Leben neu entstehen ließ, ein Licht im Dunkeln entzündete. 336 ist das erste Jahr, in dem nachweislich am 25. Dezember in Rom Weihnachten gefeiert wurde, aus dem Jahr 354 ist eine Weihnachtspredigt des Papstes Liberius bekannt. Dass der Festgedanke überzeugte, zeigt sich daran, dass der 25. Dezember im Osten übernommen und 381 durch das 1. Konzil von Konstantinopel bestätigt wurde.

### *Die Aussage des Festes*

In den Evangelien finden sich die Berichte und theologischen Aussagen, die bis heute dem Weihnachtsfest seine innere Struktur geben. Am meisten hat der Evangelist Lukas den Charakter des Festes mit folgenden Erzählungen geprägt:

*Verkündigung des Engels Gabriel an Maria*
*Lukas 1,26-38*
Dieses Evangelium bestimmt auch das Fest „Verkündigung des Herrn“ am 25. März.

*Besuch Marias bei Elisabet*
*Lukas 1,39-56*
Dem Besuch Marias bei Elisabeth ist auch ein eigenes Fest, „Mariä Heimsuchung“, am 2. Juli, gewidmet.

*Herbergssuche*
*Lukas 2,1-7*

*Geburt im Stall und Verkündigung an die Hirten*
*Lukas 2,6-20*

*Beschneidung*
*Lukas 2,21*
Das Fest wird am 1. Januar gefeiert, da die Beschneidung eine Woche nach der Geburt stattfinden soll.

*Darstellung Jesu im Tempel*
*Lukas 2,21-40*
Dieses Evangelium wird am 2. Februar, am Fest „Darstellung des Herrn“, gelesen.

*Der zwölfjährige Jesus im Tempel*
*Lukas 2,41-52*
Das Evangelium wird am Sonntag nach Weihnachten gelesen.

Hinzu kommen die Ankündigung der Geburt Johannes des Täufers an seinen Vater Zacharias und der Bericht von der Geburt des Johannes (Lukas 1,5-25). Matthäus berichtet ebenfalls, dass Maria schwanger geworden war, ohne dass sie mit Josef zusammengekommen war, sowie von der Geburt in Betlehem. Bei ihm finden sich die Berichte von den drei Sterndeutern, die das Kind in Betlehem finden (Matthäus 2,1-12), über den Kindermord in Betlehem und die Flucht nach Ägypten. Die Geburt Jesu wird den Hirten durch einen Engel erklärt: „Heute ist euch in der Stadt Davids der Retter geboren; er ist der Messias, der Herr“ (Lukas 2,11). Johannes stellt seinem Evangelium einen Hymnus voraus, der sagt, wer dieser Jesus ist: Gottes Wort, der von Anfang an bei Gott war, durch den alles geschaffen ist. Jesus ist das Licht, das die Heiden erleuchtet, das in die Finsternis kommt.

***Krippe***

Die Weihnachtskrippe ermöglicht die Betrachtung der Geschehnisse in Betlehem. Über der Höhle, die in Betlehem als Geburtsort angesehen wurde, ließ Kaiserin Helena schon im Jahr 335 eine Kirche errichten, die später mit der Geburtsszene ausgemalt wurde. In Rom hatte die Vorläuferkirche von Santa Maria Maggiore, Santa Liberiana, bereits eine Krippenkapelle.

Die heutige Krippe ist eine Idee des Franz von Assisi. 1223 stellte er in Greccio eine Krippe mit einem lebendigen Ochsen und einem Esel auf und legte Heu in die Krippe. Gab es über viele Jahrhunderte Krippen in den Kirchen, wurden sie ab dem 19. Jahrhundert auch in den Wohnzimmern der Familien aufgestellt, zuerst in katholischen Gegenden, während der Weihnachtsbaum zuerst in Norddeutschland zum Zentrum des weihnachtlichen Wohnzimmers wurde.

Von Ochs und Esel ist in den Evangelien noch nichts zu lesen, erst das sog. Pseudoevangelium des Matthäus aus dem 8. bzw. 9. Jahrhundert führt diese Tiere ein. Der Schreiber hatte beim Propheten Jesaja einen Hinweis gefunden. In 1,3 heißt es: „Der Ochse kennt seinen Besitzer und der Esel die Krippe seines Herrn."

### *Krippenspiel*

Die Weihnachtsgeschichte lässt sich nicht nur im Oratorium durch Sänger darstellen, das Mittelalter hat bereits Mysterienspiele in reicher Form gekannt. Die Tradition ist bis heute nicht abgebrochen. Zum mittelalterlichen Mysterienspiel an Weihnachten gehörte auch die Darstellung des Sündenfalls, zumal der 24. Dezember der Gedenktag von Adam und Eva ist. Die Geburt des Erlösers steht in direkter Beziehung zu dem Unheil, aus dem er die Menschen retten wird. Das Spiel, das im Mittelalter noch in der Kirche stattfand, wanderte ins Puppentheater aus, der Kasper dürfte sich von den Drei Königen „Caspar, Melchior und Balthasar" herleiten. In Köln hat sich diese Beziehung noch in dem Ausdruck „Kreppche" für ein Puppentheater erhalten.

### *Christkind*

Wer sich hinter dem weihnachtlichen Geschenkebringer verbirgt, ist wahrscheinlich nicht das Kind in der Krippe, zumal das Christkind oft als Mädchen dargestellt wird. Das Christkind wurde ab 1635 von

Martin Luther dem Nikolaus entgegengestellt, und zugleich wurde der Schenktermin vom 6. Dezember auf Weihnachten verlegt.

### *Weihnachtsbaum*

Der Weihnachtsbaum ist wohl zuerst als Paradiesbaum im Krippenspiel aufgestellt worden. Denn von diesem Baum ging das Unheil aus, das das Kommen des Erlösers notwendig machte. Die Äpfel und die daraus entstandenen Christbaumkugeln belegen diese Bedeutung des Baumes. Eigentliches Gegenbild zum Paradiesbaum ist das Kreuz.

Der Baum symbolisiert die Weltachse, die Kerzen stehen für die Sterne, die sich um die Weltachse drehen. Seit die Krippe unter dem Baum steht, wird der Engel an der Spitze des Baumes angebracht. Vom Himmel wird verkündet, welches Wunder sich auf der Erde ereignet. Im Winter symbolisiert der immergrüne Baum, ob Tanne oder Stechpalme, dass das Leben weitergeht. Nüsse und andere Früchte unterstützen diese Dimension und symbolisieren Fruchtbarkeit. Der Weihnachtsbaum kommt wohl aus dem Elsass. Hinweise auf Weihnachtsbäume, die außerhalb der Kirche aufgestellt wurden, finden sich in Schlettstadt im Elsass bereits für das 16. Jahrhundert. 1561 wird aus Ammerschweier, ebenfalls im Elsass, berichtet, dass jedem Bürger zu Weihnachten eine Tanne zusteht. Erst im Laufe des 18. Jahrhundert wird der Christbaum zum Zentrum des weihnachtlich geschmückten Wohnzimmers,

zuerst in protestantischen Häusern, während die Katholiken anfangs nur die Krippe aufstellten. Von Norddeutschland verbreitete sich der Baum nach Süden, aber auch nach Frankreich und England und durch von hessischen Herzögen nach den USA vermietete Soldaten auch in die Neue Welt. In Süddeutschland werden in der Weihnachtsnacht kleine Bäumchen auf die Gräber gesteckt und nach dem Gottesdienst Kerzen angezündet.
Dass der Christbaum germanischen Ursprungs sei, wurde erst im 19. Jahrhundert behauptet. Die Verfechter der These müssten erklären können, warum das Brauchtum erst im 16. Jahrhundert aufkommt.

### *Weihnachtsmann*

Diese Figur ist im 19. Jahrhundert als Geschenkebringer entwickelt, von Coca Cola in den 1930er Jahren rot eingekleidet und so nicht ohne Grund zur Witzfigur der Vorweihnachtszeit geworden. Er kommt bei uns aus dem Wald oder in den USA mit seinem Rentierschlitten vom Nordpol und bringt den Weihnachtsbaum und Geschenke mit. Der Weihnachtsmann ist nicht der hl. Nikolaus, denn der heilige Bischof trägt keine Zipfelmütze, sondern eine Mitra. So hat der Weihnachtsmann eher etwas mit dem Gartenzwerg zu tun. In der Sowjetunion haben die Kommunisten die Verehrung des hl. Nikolaus durch die Einführung von Väterchen Frost zu verdrängen versucht.

## WEIHNACHTSOKTAV
## 25. DEZEMBER BIS 1. JANUAR, „RAUHNÄCHTE"

Die Nächte zwischen Weihnachten und dem 1. bzw. 6. Januar haben auch etwas Dunkles. Dem Volksglauben nach ziehen die Toten umher (Wilde Jagd), Ahnen und Gottheiten kehren bei den Menschen ein, Geister zeigen sich. Deshalb müssen Häuser und Ställe mit Weihrauch ausgeräuchert werden. Von daher kommt der Name „Rau(c)hnächte". Frauen und Kinder müssen nach Einbruch der Dunkelheit im Haus bleiben, die Wohnräume, die Spinnstube, Küche und Werkstatt mussten aufgeräumt sein, die Wäsche musste von der Leine abgenommen sein, um sich nicht den Groll der Dämonen zuzuziehen. Das Brauchtum hat sich im Alpenraum erhalten. In Vorkommnissen der Weihnachtszeit wird orakelhaft das kommende Jahr abgelesen, ob einer stirbt, ob es eine gute Ernte gibt, welchen Bräutigam das Mädchen findet.

## ERZMÄRTYRER STEPHANUS
## 26. DEZEMBER, 2. WEIHNACHTSFEIERTAG, „STEPHANSTAG"

Auch wenn manche Prediger versuchen, den Martertod des Stephanus mit dem Kind in der Krippe in Beziehung zu setzen, der 25. Dezember steht zufällig vor dem Gedenktag des ersten Märtyrers. Wahrscheinlich ist der Gedenktag des Stephanus älter als das Weihnachtsfest. Stephanus war griechischer Herkunft und hatte sich zum Judentum bekehrt. Er hatte sich dem Neuen Weg, dem christlichen Bekenntnis, angeschlossen. Er wird beim Hohen Rat angezeigt, verteidigt sich mit einer großen Rede und wird gesteinigt. Er ist der erste Märtyrer der jungen Kirche. Seine Verteidigungsrede und seine Hinrichtung werden in der Bibel überliefert (Apostelgeschichte 6,8-8,1a).

## UNSCHULDIGE KINDER
## 28. DEZEMBER

Dieser Gedenktag hat direkt mit Weihnachten zu tun. Im Matthäusevangelium wird berichtet, dass der König Herodes, als die drei Weisen auf Geheiß eines Engels diesem nicht mitteilten, wo sie das Kind gefunden hatten, alle Buben unter zwei Jahren in Betlehem umbringen ließ. Er fürchtete den Rivalen aus dem Haus David, denn er selbst war in den Augen der Juden kein legitimer König. Der Engel hatte Josef im Traum gewarnt, so dass die Heilige Familie sich schon auf der Flucht nach Ägypten befand. Herodes ist für seine Grausamkeit bekannt gewesen, er ließ drei seiner Söhne hinrichten. Die von Herodes erzwungene Flucht nach Ägypten besagt für Kenner des Alten Testaments, dass Jesus der neue Mose ist. Mose war ebenso als Kind mit dem Tod bedroht, wie Mose kommt Jesus aus Ägypten. Am Fest der Unschuldigen Kinder wurde in Klosterschulen der Jüngste für einen Tag auf den Stuhl des Abtes gesetzt, ein Brauch, der sich im Mittelalter auf den Nikolaustag verschob.

## FEST DER HEILIGEN FAMILIE ERSTER SONNTAG NACH WEIHNACHTEN

In den meisten Jahren gibt es zwischen Weihnachten und Neujahr einen Sonntag. Hier stellt die Liturgie die Heilige Familie, d. h. Maria, Josef und Jesus, in den Mittelpunkt. Das Fest ist erst im 19. Jahrhundert entstanden. Die Heilige Familie wird als Vorbild gesehen und ihre Verehrung gefördert. In den sozialen Umbrüchen der beginnenden Industrialisierung betonte die katholische Kirche den Wert der Familie. Es wird der Bericht aus dem Lukasevangelium gelesen, dass Jesus mit den Theologen im Tempel diskutierte. Er war 12 Jahre alt, das Alter, in dem ein jüdischer Junge volles Mitglied der Gottesdienstgemeinde wird. Wenn in die Weihnachtsoktav kein Sonntag fällt, d. h., wenn der 25. Dezember selbst ein Sonntag ist, wird das Fest am 30. Dezember gefeiert.

## HOCHFEST DER GOTTESMUTTER MARIA 1. JANUAR, OKTAVTAG VON WEIHNACHTEN

Der 1. Januar als Beginn des bürgerlichen Jahres fällt mit dem 8. Tag nach Weihnachten, dem Oktavtag, zusammen. Der Oktavtag großer Feste wurde schon sehr früh gefeiert. In Rom wurde seit dem 7. Jahrhundert ein Fest der Gottesmutter Maria gefeiert. Im Mittelalter wurde dann entsprechend dem Bericht des Lukasevangeliums (Kap. 2,21) am 1. Januar das „Fest der Beschneidung des Herrn“ begangen. Die Liturgiereform nach dem II. Vatikanischen

Konzil hat den älteren Namen „Hochfest der Gottesmutter“ wieder hergestellt und mit dem Gedächtnis an den Ritus der Beschneidung verknüpft, dem ein jüdischer Junge unterzogen wird und der mit der Namensgebung verbunden ist.
Dass mit dem 1. Januar das Jahr beginnt, ist durch die Kalenderreform Cäsars bedingt. Vorher begann für die Römer das neue Jahr am 1. März. Das erklärt die Monatsnamen September (sieben), Oktober (acht) November (neun) und Dezember (zehn), die noch auf den späteren Jahresbeginn im März verweisen.

## WELTFRIEDENSTAG
## 1. JANUAR

Seit dem II. Vatikanischen Konzil wird der 1. Januar unter den Gedanken des Weltfriedens gestellt. Der Gedanke des Weltfriedens steht sicher in engerem Zusammenhang zum Jahresbeginn. Der Appell zum Frieden ist in den letzten Jahrzehnten von den Päpsten oft ausgesprochen worden. Zum 1. Januar verfasst der Papst jedes Jahr eine besondere Friedensbotschaft. Der 1. Januar liegt eine Woche nach dem 25.12., dem eigentlichen Fest des Friedens.

## ERSCHEINUNG DES HERRN
## 6. JANUAR, DREIKÖNIG, EPIPHANIE, EVANGELISCH: EPIPHANIAS

Der Tag wird in Deutschland besonders gefeiert, weil 1164 die Gebeine der drei Weisen aus dem Mor-

genland von Mailand nach Köln gebracht wurden. Friedrich Barbarossa hatte nach seinem Sieg über die Stadt diese als Tribut verlangt und dem Kölner Erzbischof Rainald v. Dassel geschenkt.
Das zentrale Motiv, den Stern von Betlehem, haben die Sternsinger aufgegriffen. Der Brauch, dass Kinder die Häuser besuchen, entstand im Mittelalter und belebte sich nach der Wiedervereinigung auch in Ostdeutschland. Je nach lokaler Gewohnheit ziehen die Sternsinger schon vor dem Dreikönigstag, um die Häuser zu segnen. Über der Tür werden die Jahreszahl und die Namen der Könige Caspar, Melchior, Balthasar, mit Kreide aufgezeichnet: 20+C+M+B+06. Die Buchstaben lassen sich auch folgendermaßen deuten „Christus Mansionem Benedicat" – „Christus segne das Haus".
Lange hielt man den Stern für eine symbolische Deutung, dass die Heiden auf den neugeborenen Messias aufmerksam gemacht wurden und nach Jerusalem gekommen sind, um den einen, wahren Gott anzubeten. Das war die Vision der Propheten. Inzwischen hat man die Sternbücher der Chinesen und der Babylonier durchgesehen. Der Stern von Betlehem könnte eine Konjunktion von Saturn und Jupiter gewesen sein, ein Phänomen, das auch heute am Himmel einen besonderen Lichtschein hervorbringt. Da damals der Saturn für Palästina stand und Jupiter auf einen König hindeutete, sowie die Konjunktion öfters in einem Jahr zu beobachten war, einmal am Morgenhimmel und dann später im Jahr am Abendhimmel, trifft der Satz aus dem Matthäus-

evangelium auf diese Sternkonstellation zu: „Den Stern, den sie hatten aufgehen sehen (bezieht sich auf das Frühjahr), zog vor ihnen her bis zu dem Ort, wo das Kind war; dort blieb er stehen.“ (Kap. 2,9)
Die Drei Könige, zu denen die drei Sterndeuter im Mittealter wurden, standen am Beginn nicht im Mittelpunkt des Festes. Der 6. Januar wurde wahrscheinlich zuerst in Alexandrien als Fest der Taufe Jesu gefeiert. Das Datum geht wahrscheinlich auf ein heidnisches Fest zurück. In der Nacht vom 5. auf den 6. Januar wurde der Geburtstag des Gottes Äon, Gott der Zeit und der Ewigkeit, gefeiert. Das Gedächtnis der Taufe Jesu an diesem Tag kann sich von dem Brauch, am Fest des Gottes Äon Wasser aus dem Nil zu schöpfen, herleiten. Am 6. Januar wird auch des Weinwunders bei der Hochzeit zu Kana gedacht, weil nach heidnischen Vorstellungen in der Nacht vom 5. auf den 6. Januar aus manchen Quellen Wein fließt. Der 6. Januar stellt in seinem Ursprung die Taufe Jesu in den Mittelpunkt und folgt damit dem Markusevangelium, das mit der Taufe Jesu beginnt und keine Kindheitsgeschichte überliefert.
Obwohl die westliche Tradition mit der Wintersonnenwende verbunden ist, war in Gallien wie auch in Spanien der 6. Januar das Weihnachtsfest. Ein Grund dafür sind Beziehungen zwischen Gallien und dem Osten. Dadurch, dass der Osten wie der Westen gegenseitig das Weihnachtsfest des anderen übernahmen, erhielten beide Feste eine unterschiedliche Akzentsetzung. Am 6. Januar wird das Aufscheinen der Gottheit gefeiert, am 25. Dezember die

Menschwerdung des Sohnes Gottes. Die Liturgiereform des Jahres 1969 hat traditionelle Inhalte des Epiphaniefestes auf die folgenden Sonntage gelegt. Am Sonntag nach Erscheinung wird das Fest der Taufe Jesu gefeiert, das Evangelium der Hochzeit zu Kana wird am 2. Sonntag nach Erscheinung gelesen. Seit dem 6. Jahrhundert werden die drei Sterndeuter Könige genannt.
Die Dreizahl leitet sich wohl von den drei Gaben Gold, Weihrauch und Myrrhe her, die im Evangelium erwähnt werden. Die Namen Caspar, Melchior und Balthasar werden den Weisen seit dem 9. Jahrhundert gegeben. Sie gelten als Vertreter der drei Rassen, der drei Erdteile und der drei Lebensalter. Seit dem 12. Jahrhundert gibt es den Mohrenkönig. Die Drei Könige sind auch Patrone der Reisenden. Die Gasthausnamen Mohr, Stern, Krone erinnern daran. Am 6. Januar werden auch Wasser und Salz gesegnet, zum Gedächtnis an die Taufe Jesu, sowie die Kreide, mit der die Sternsinger die Türbalken beschriften.

## TAUFE DES HERRN
## SONNTAG NACH DEM 6. JANUAR

Das Fest der Taufe des Herrn erinnert an den Beginn des öffentlichen Auftretens Jesu. Jesus unterzieht sich der Bußtaufe des Johannes. Ein Zusammenhang mit dem Epiphaniegedanke besteht darin, dass Johannes Jesus öffentlich als Messias herausstellte.

## WELTGEBETSWOCHE FÜR DIE EINHEIT DER CHRISTEN, 18. BIS 25. JANUAR

Diese Gebetswoche ist Frucht der ökumenischen Bewegung. Sie hat in Schottland in einer Erweckungsbewegung ihre Anfänge und wird heute vom Ökumenischen Rat der Kirchen und vom Einheitssekretariat des Vatikans getragen. Sie wird auf der Nordhalbkugel vom 18. bis zum 25. Januar gefeiert, zwischen dem Fest des Bekenntnisses des hl. Petrus – in der kath. Kirche zwischen 1558 und 1960 am 18. 1. begangen – und dem Fest der Bekehrung des hl. Paulus am 25. 1. Da auf der Südhalbkugel im Januar Sommer ist, wird die Gebetswoche dort oft zu Pfingsten oder im Juli begangen.

## DARSTELLUNG DES HERRN 2. FEBRUAR, „MARIÄ LICHTMESS“

Der 2. Februar ist traditionell der Tag, an dem die Tannenbäume aus den Kirchen geräumt und die Krippenfiguren verpackt werden. Es ist das letzte Fest in der Weihnachtszeit. Das Datum berechnet sich vom 25. Dezember her, denn zählt man vom 1. Weihnachtstag 40 Tage weiter, kommt man zum 2. Februar. 40 Tage sind in der jüdisch-christlichen Tradition ein Zeitmaß, welches sich in den 40 Tagen der Fastenzeit wiederfindet. Der biblische Bezug von Lichtmess ist die alttestamentliche Vorschrift, dass Frauen sich 40 Tage nach einer Geburt einer kultischen Reinigung unterziehen müssen. Da der Erstgeborene Gott geweiht war, wurde er im Tempel „dargestellt". Der Name Lichtmess (-messe) erklärt sich daraus, dass die Kerzen für das kommende Jahr geweiht wurden. Das Licht symbolisiert Christus. Die mit nach Hause genommene Kerze wurde beim Gebet wie auch bei Unwettern angezündet. Für Knechte und Mägde gab es einige Tage frei, da die Weihnachtszeit früher offiziell mit Lichtmess endete und die Feldarbeit begann. Heute endet die Weihnachtszeit bereits am 6. Januar, der weihnachtliche Bezug des Festes bleibt jedoch erhalten.

**BLASIUS**
**3. FEBRUAR, TAG NACH LICHTMESS**

Der Märtyrerbischof Blasius, der vorher Arzt war, soll im Gefängnis ein Kind, das eine Fischgräte verschluckt hatte, vor dem Ersticken bewahrt haben. An seinem Fest oder am Vortag, an Lichtmess, wird die Kerzensymbolik aufgegriffen. Der Priester hält zwei Kerzen überkreuz in der Hand und segnet die Gläubigen: „Durch die Fürsprache des heiligen Bischofs und Märtyrers Blasius befreie und bewahre dich der Herr vor allem Übel des Halses und jedem anderen Übel." Blasius hat 316 durch Enthauptung das Martyrium erlitten.

**VALENTINSTAG**
**14. FEBRUAR**

Wenn man vom 6. Januar 40 Tage weiter zählt, kommt man zum 14. Februar. Da in Frankreich bis zur Übernahme des römischen Kalenders durch Karl d. Gr. Weihnachten am 6. Januar gefeiert wurde, entspricht der 14. Februar dem Lichtmesstag, der, wenn Weihnachten am 25.12. gefeiert wird, auf den 2. Februar fällt. Der Tagesheilige, der hl. Valentin, soll gegen den Willen der römischen Obrigkeiten Christen getraut und an Liebende Blumen verschenkt haben. Er soll um 270 hingerichtet worden sein.

## KARNEVAL
## TAGE VOR ASCHERMITTWOCH

Karneval heißt, dem Fleisch, lateinisch carnis, Lebewohl sagen. Fastnacht ist im engeren Sinn der Karnevalsdienstag. Weil während der mit dem Aschermittwoch beginnenden vierzigtägigen Fastenzeit kein Fleisch gegessen werden durfte, begann man zuerst in den Klöstern, das Fleisch aufzuessen. Davon leitet sich im Französischen der Name Mardi gras, fetter Dienstag, ab. Die Städte und Dörfer schlossen sich dem an. Die These, in der Fastnacht tauche altes germanisches Brauchtum wieder auf, erkennt die religiöse Bedeutung der Masken und des Narren nicht. Die Masken stellen die Laster dar, der Narr ist der Dummkopf, der die Existenz Gottes leugnet. Der rheinische Karneval ist in Gegnerschaft zur napoleonischen und preußischen Besatzung entstanden. Der Elferrat weist auf den elfköpfigen Jakobinerrat der französischen Revolution hin, der sich durch die Zahl von den 12 Aposteln unterscheiden wollte. Nachdem die Aufklärung dem Karneval sehr kritisch gegenüber gestanden hatte, lebte dieser 1823 mit der Romantik im Rheinland wieder auf. München übernahm die italienische Tradition der großen Bälle. Dass der Karneval in protestantischen Gebieten viel weniger bestimmend ist, hängt mit den Entwicklungen im späten Mittelalter zusammen. Im 16. Jahrhundert wurde die Grenze des Aschermittwoch nicht mehr eingehalten, eine Spaßgesellschaft feierte einfach bis weit in die Fastenzeit weiter. Eine religiöse Reformbewegung musste diese Form des Karnevals ablehnen.

### *Der Narr als Gottesleugner*

In der Fastnacht werden verschiedene Gestalten lebendig. Der Narr ist derjenige, der auf das Vergängliche hereinfällt und Gott aus dem Auge verloren hat. Der größte Narr ist im Selbstverständnis des Christentums derjenige, der Gott leugnet. Im Büttenredner hat sich die Funktion des Hofnarren erhalten, der den Politikern heute ihre Schwächen und Fehler vorhält. Der Herrschaftsbereich des Teufels ist durch Streit, unnützes Lärmen und Eigennutz geprägt. Die Masken, die im Karneval getragen werden, sind ernster gemeint, als wir sie empfinden. Sie stellen die 7 Laster dar. Für die Hoffart steht der Pfau oder das Pferd, der Neid wird durch den Drachen, der Zorn durch den Löwen, der Geiz durch den Fuchs, die Unkeuschheit durch Bock und Hahn, die Unmäßigkeit durch den Bär oder das Schwein und die Acedia, die Trägheit des Herzens, durch den Esel dargestellt. Der Ursprung des Wortes „Maske" deutet in die gleiche Richtung. Das Wort heiß im Arabischen „Verspottung" und „Scherz". Masken als Grimassen zeigen, dass das Verspotten im Karneval seinen Sinn hat. In der Neuzeit haben die Kostüme, mit denen man sich in einen Chinesen, einen Indianer, einen Neger verkleidet, diesen Gedanken weitergeführt – sie stellen Feinde des Christentums dar. Ein geflecktes Kostüm weist auf die „Befleckung" durch die Sünde hin. Ein in zwei Farben geteiltes Kostüm bezeichnet die Verkehrtheit des Narren.

***Weiberfastnacht***

Mit dem Donnerstag vor dem Rosenmontag beginnt der Straßenkarneval, die Tage der öffentlichen Ausgelassenheit, die bis Dienstag dauern. Wie kommt es zur besonderen Bedeutung des Donnerstags? Da man am Freitag, dem Todestag Christi, nicht so feiern konnte und man am Samstag alles für das Wochenende vorbereitet werden musste, ist dann erst wieder der Sonntag und dann in der eigentlichen Fastnacht, am Dienstag, großes Treiben auf den Straßen. 1824 waren es die Wäschefrauen des heutigen Bonner Vororts Beuel, die die Abwesenheit der Männer nutzten, um zu feiern. Diese waren in Köln unterwegs, denn die Männer sammelten die schmutzige Wäsche ein und brachten die saubere zurück. Der Tag wird auch „schmotziger Donnerstag" genannt. In manchen Orten wird an Karneval

Wäsche über der Straße ausgehängt. An Weiberfastnacht erstürmen die Frauen das Rathaus und übernehmen das Regiment. Den Männern wird die Krawatte, Zeichen der Männlichkeit, abgeschnitten.

### *Rosenmontag*

Der Rosenmontag ist eine verhältnismäßig junge Erfindung, 1823 wurde in Köln der erste Rosenmontagszug veranstaltet. Vorher waren der Dienstag als die „Nacht vor dem Beginn des Fastens" und der Sonntag mehr vom Straßenkarneval geprägt. Die Wagen, die bis heute häufig in Schiffsform gestaltet sind, gehen auf mittelalterliche Vorstellungen des Narrenschiffs zurück, das ohne Mast, Segel und Kompass seine Insassen ins Verderben fährt. Deshalb wurde das Narrenschiff am Ende der Fastnacht an manchen Orten verbrannt.
Eine goldene Rose wird im Mittelalter vom Papst als besonderer Ehrenerweis am 4. Fastensonntag, dem Sonntag Laetare („Freue dich") einer Person überreicht. Die Rose war aus Gold getrieben.

## ASCHERMITTWOCH

„Bedenke Mensch, dass du Staub bist und wieder zum Staub zurückkehren wirst", lassen sich die Kirchgänger am Aschermittwoch sagen und dabei Staub über den Kopf streuen bzw. in Kreuzform auf die Stirn zeichnen. Dabei besiegelt der Aschermittwoch nur, was in der Karnevalszeit in der Figur des

Narren dargestellt wurde – die Nichtigkeit der Welt. Die Büttenredner hatten nichts anderes versucht, als die Eitelkeit der Großen bloßzustellen.
Der Aschermittwoch berechnet sich von Ostern her. Zählt man unter Auslassung der Sonntage 40 Tage zurück, kommt man auf diesen Tag, der dann wie Karneval mit dem jeweiligen Ostertermin wechselt. Der Aschenritus ist sehr alt, denn in der frühen Kirche wurden diejenigen, die eine schwere Sünde begangen hatten, am Beginn der Fastenzeit mit Asche bestreut und so in den Büßerstand aufgenommen. Sie konnten nicht mehr am Gottesdienst teilnehmen, bis sie am Gründonnerstag wieder in die Gemeinschaft aufgenommen wurden. Sie bekannten sich damit öffentlich als Sünder. Diese alte Form der Buße kam um die Jahrtausendwende zum Erliegen und wurde durch die in Irland entstandene Ohrenbeichte ersetzt. Während man diese neue Form des Bußsakramentes öfters empfangen kann, wurde die altkirchliche Form nur einmal im Leben gespendet.
Da der Aschermittwoch Fast- und Abstinenztag ist, d. h. auch der Verzehr von Fleisch verboten ist, kam es zur Herausbildung des Fischessens, das aber von vielen als Gegenmittel gegen den Alkoholkonsum und weniger als Ausdruck der Buße gesehen wird.

### *Aschermittwoch der Künstler*

Der französische Karikaturist und Theatermaler Adolphe Willette versammelte 1914 am Aschermittwoch Künstler zu einer religiösen Besinnung. Nach seinem Tod wurde 1926 in der Kirche St. Germain l'Auyerrois, der Kirche der Künstler in Paris, eine Messe für die verstorbenen Künstler gefeiert. Neben dem Gedächtnis der Toten ist der Tag auch ein Anlass für Besinnung und Meditation. An diesem Tag kommt es zu einer Begegnung zwischen Künstlern und dem Bischof. Der Aschermittwoch der Künstler wurde 1950 in Köln und 1955 in München übernommen und wird heute weltweit in vielen Bistümern gefeiert.

# FASTENZEIT

## ASCHERMITTWOCH BIS KARSAMSTAG

40 Tage dauert die Fastenzeit, weil 40 Tage eine biblische Zeitspanne ist. Matthäus berichtet: „Dann wurde Jesus vom Geist in die Wüste geführt. Dort sollte er vom Teufel in Versuchung geführt werden. Als er vierzig Tage und vierzig Nächte gefastet hatte, bekam er Hunger" (Kap. 4,1-2). Das Alte Testament berichtet, dass Moses, als er vierzig Tage auf dem Berg Sinai war, nichts aß und trank (Exodus 34,28), dass Elias 40 Tage zum Berg Horeb wanderte, ohne etwas zu essen (1 Könige 19,8). Bis 1969 wurde in der katholischen Kirche eine Vorfastenzeit eingehalten, in die jedoch der Karneval fiel. Sie wurde mit der letzten Liturgiereform abgeschafft, hat sich aber im evangelischen Jahreskalender

erhalten. Der Ursprung liegt in der byzantinischen Kirche, die auch am Samstag nicht fastete. Sie benötigte 8 Wochen, um auf 40 Tage zu kommen und beginnt daher früher. Die Sonntage heißen Septuagesima (der 70.), Sexagesima (der 60.), Quinquagesima (der 50.) – eine aufgerundete Zählweise.

### *Gebet, Fasten und Buße*

Das Gebet verwirklicht sich u. a. im häufigeren Besuch der Gottesdienste, auch an Werktagen. Der Empfang des Bußsakramentes, d. h. der Gang zur Beichte, gehört ebenfalls zur Fastenzeit.
Das Fasten will den bewussten Verzicht z. B. auf Süßigkeiten und Alkohol. In der evangelischen Kirche wird für eine Fastenaktion „6 Wochen ohne“ motiviert, jeder legt sich einen Verzicht auf. In den letzten Jahren wurde der Wert des Fastens wiederentdeckt. In immer mehr Gemeinden wird über eine Woche oder 10 Tage ein strenges Fasten, eine „Nulldiät“ unter Anleitung und regelmäßigen Treffen angeboten. Abstinenz, sich fernhalten, bezieht sich vor allem auf den Genuss von Fleisch, in den orthodoxen Kirchen auch von Eiern und Milchprodukten.

### *Fastenpredigten*

sind seit dem Konzil von Trient (1545) vorgeschrieben, werden heute meist an den Sonntagen gehalten. Sie werden in der Regel in einen thematischen Rahmen gestellt und zielen auf eine Vertiefung des religiösen, theologischen und moralischen Wissens. Für die Predigten werden oft Seelsorger aus anderen Gemeinden oder Ordenspriester eingeladen.

### *Hirtenbrief in der Fastenzeit*

Die Bischöfe schreiben jeweils zur Fastenzeit einen eigenen Fastenhirtenbrief, der meist am 1. Fastensonntag verlesen wird. Es werden jeweils grundsätzliche Fragen aufgegriffen. Im Unterschied zu den meisten anderen Hirtenbriefen handelt es sich nicht um einen Brief aller Bischöfe, sondern jeder Bischof verfasst für seine Diözese einen eigenen Brief.

### *Das Hunger- oder Fastentuch*

Das Hungertuch (auch Fastentuch) ist ein Tuch, das während der österlichen Bußzeit zunächst den ganzen Chor, später nur den Hauptaltar verhüllte. Der Brauch entstand in Klöstern nördlich der Alpen und ist schon um das Jahr 1000 nachweisbar. Der Gedanke war wohl, dass der sündige Mensch unwürdig ist, Gott zu sehen. Seit dem hohen Mittelalter wurde das Hungertuch meist mit Darstellungen der Passionsszenen oder der Leidenswerkzeuge Jesu bzw. mit Motiven aus dem Leben Jesu künstlerisch gestaltet. Bekannt sind die Hungertücher des Freiburger Münsters und von Zittau in Sachsen. Der Brauch wurde wieder aufgenommen. Künstler aus aller Welt senden ihre Vorlagen an das Bischöfliche Hilfswerk Misereor, von dem die Hungertücher bezogen werden können.

### *Almosen*

Das Almosen-Geben ist bereits im Judentum religiöse Praxis. In mehreren Ländern wird zu einem besonderen Fastenopfer aufgerufen, das meist für die Entwicklungsländer gespendet wird. In Deutschland ist dieses Almosen durch den Namen „Misereor", lateinisch „Ich erbarme mich", gekennzeichnet. Misereor steht inzwischen für eine fundierte Auseinandersetzung mit der Armutsthematik und der Situation in den Ländern, die wir der Dritten Welt zuordnen. Die Organisation, im kirchlichen Sprachgebrauch „Bischöfliches Werk Misereor" wurde bereits 1958 gegründet. Die ökologische Diskussion ist von christlichen Gruppen aufgegriffen und mit dem Gedanken der Fastenzeit zu dem Motiv „Neuer Lebensstil" verbunden worden. Verzicht wird hier nicht nur als Bußpraxis für einen bestimmten Abschnitt des Jahres verstanden, sondern als dauernde Haltung. Ähnlich wie in anderen Erneuerungsbewegungen der Kirchengeschichte wird ein einfaches, armes Leben als Ideal, Wohlstandsüberfluss dagegen als Gefährdung der Humanität und des Bezuges zur Transzendenz gesehen.

### *Kreuzweg*

Ein Gebet der Fastenzeit ist der Kreuzweg. In ihm wird der Leidensweg Jesu von der Verurteilung bis zur Kreuzabnahme nachgebildet. In den Kirchen sind die Kreuzwegbilder oder auch Stationen meist an den Seitenwänden zu finden. Anfänglich waren

es nur 7 Stationen, heute sind in den Kirchen 14 Stationen aufgehängt.
Wenn keine Bilder vorhanden sind, finden sich zumindest kleine Kreuze an Stelle der Stationen. Die Gläubigen gehen den Kreuzweg für sich allein. Bei Kreuzwegandachten geht der Vorbeter in der Kirche die Stationen ab und betet jeweils laut einen Text. Neuere Kreuzwege sehen im Schicksal Verfolgter und Gefolterter den Leidensweg Jesu. Die Ursprünge des Kreuzweges liegen in Jerusalem. Pilger gingen den Weg Jesu nach Golgotha, der auch Via Dolorosa genannt wird.

## WELTGEBETSTAG DER FRAUEN
## ERSTER FREITAG IM MÄRZ

Zu einem gemeinsamen Gebet für die Mission lädt die Baptistin Mary Webb in Boston im Jahr 1812 ein. Frauen befassen sich im 19. Jahrhundert mit der Situation von Frauen und Kindern in den Missionsgebieten. Sie gründen Frauenmissionsgesellschaften in England und den USA. Diese Initiativen überschreiten bald die Konfessionsgrenzen. In den USA und Kanada werden ab 1887 landesweit Gebetstage organisiert. 1926 laden amerikanische Frauen weltweit zu dem Gebetstag ein und erfahren eine große Resonanz. In Deutschland wurde das Anliegen wieder aufgegriffen, seit Mitte der sechziger Jahre beteiligen sich auch katholische Frauenverbände. Das „informierte Beten“ ist auch heute Grundlage des Gebetstages, der immer ein Land in den Mittelpunkt stellt. Inzwischen ist der weltweite Gebetstag in über 170 Ländern verwurzelt.

## JOSEF, BRÄUTIGAM DER GOTTESMUTTER MARIA, 19. MÄRZ, „JOSEFSTAG"

Weil viele auf den Namen Josef getauft sind, hat der Gedächtnistag des Heiligen einen festlichen Charakter und unterbricht die Fastenzeit.

In der Gestalt dieses Heiligen begegnet uns ein Mensch, der wachsen lässt. Sein Name bedeutet „Gott fügt hinzu". Er schafft dem Jesus-Knaben den Lebensraum, in dem er heranwachsen kann. Josef ist der Hausvater, der es auch versteht, Träume zu deuten: „Der Engel des Herrn erschien Josef im Traum ...", heißt es im Matthäusevangelium; d. h. Josef erkennt, was Gott mit einem Menschen vorhat, wo Gefahren drohen und wie es einen Ausweg aus den Schwierigkeiten gibt. Der Festtermin lässt sich bis ins 10. Jahrhundert zurückverfolgen. Er gewann jedoch erst Gewicht, als der Patron der Kaufleute und Verwalter (da er für die rechte Finanzierung seiner Familie sorgte) in der Barockzeit zum vielverehrten Patron eines guten Todes und dann im 19. und 20. Jahrhundert zum Vorbild für die Familienväter und die Handwerker wurde. Seine Statue findet sich heute in vielen Kirchen.

## VERKÜNDIGUNG DES HERRN
## 25. MÄRZ, HOCHFEST „MARIÄ VERKÜNDIGUNG“

Neun Monate vor dem 25. Dezember liegt, meist mitten in der Fastenzeit, ein Fest, das eigentlich zu Weihnachten gehört. Im Osten wird das Fest bereits seit der Mitte des 5. Jahrhunderts gefeiert. Dort wurde es „Verkündigung der Gottesgebärerin“ genannt. Im Westen gab es auch im 5. Jahrhundert ein Gedächtnis der Verkündigung am Samstag vor Weihnachten. In Rom, wo das Weihnachtsfest entstand, wird es seit dem 7. Jahrhundert am 25. März gefeiert. Die „Verkündigung des Herrn“ wird von Lukas als Begegnung des Erzengels Gabriel mit der Jungfrau Maria geschildert. Das Kind wird sie durch Herabkunft des Geistes Gottes empfangen. „Der Heilige Geist wird über dich kommen, und die Kraft des Höchsten wird dich überschatten. Deshalb wird auch das Kind heilig und Sohn Gottes genannt werden“ (Lukas 1,35). Maria wird als Jungfrau Mutter. Der Engel redet Maria in besonderer Weise an. „Sei gegrüßt, du Begnadete, der Herr ist mit dir“ (Lukas 1,28). Aus diesem Gruß des Engels ist das Ave Maria entwickelt, das den Rosenkranz prägt. Weil Maria im Mittelpunkt der Verkündigung des Engels steht, wird das Fest auch Mariä Verkündigung genannt. Da das Fest in das Frühjahr fällt, gilt der Tag als günstig für die Saat und das Setzen von Bäumen. Das Vieh wird das erste Mal ausgetrieben. Fällt das Fest in die Karwoche oder die Osteroktav, wird es am Montag nach dem Weißen Sonntag nachgefeiert.

## PALMSONNTAG
## BEGINN DER KARWOCHE

Mit dem Einzug in Jerusalem tritt die Mission Jesu mit einem verheißungsvollen Auftakt in ihre entscheidende Phase. Beim Evangelisten Lukas lesen wir: „Als er an die Stelle kam, wo der Weg vom Ölberg hinabführt, begannen alle Jünger freudig und mit lauter Stimme Gott zu loben wegen all der Wundertaten, die sie erlebt hatten. Sie riefen: Gesegnet sei der König, der kommt im Namen des Herrn. Im Himmel Friede und Herrlichkeit in der Höhe!" (Kap. 19,37f).

Bei Matthäus steht das Wort „Hosanna in der Höhe", das in jeder Messe gesungen wird. Jesus hatte sich einige Zeit nicht in der Öffentlichkeit gezeigt, weil die Behörden ihn überwachten. Die Erwartungen richteten sich darauf, dass Jesus das Reich Davids wiederherstellen, d. h. die politischen Verhältnisse in Palästina ändern würde. Jesus entzieht sich dieser Erwartung. Er nutzt die Begeisterung der Menge nicht politisch aus. Vielmehr setzt er sich kritisch mit der religiösen Praxis auseinander. Er vertreibt die Händler, die für das kommende Fest Schafe und anderes verkaufen, aus dem Tempel. Die Evangelien referieren Streitgespräche mit den Theologen, den Schriftgelehrten, und die Prophezeiungen Jesu vom Untergang der Stadt. Es läuft auf das Ende hin.

Der Hohe Rat behält diesen Prediger sorgfältig im Auge. Er musste ein Interesse daran haben, dass er nicht zur Macht kommt. Denn es war abzusehen, dass die Römer einen jüdischen Aufstand mit brutaler Gewalt niederschlagen würden. Jesus hat sich

allerdings klar gegen ein politisches Mandat entschieden. Der Ritt auf dem Esel wurde immer auch als Zeichen des Selbstverständnisses Jesu gesehen. Er hat seine Anhängerschaft nicht für politische Ziele eingesetzt. Die Herbeiführung eines bestimmten politischen Systems hat also nichts mit dem von Jesus angekündigten Reich Gottes zu tun. Es besteht höchstens dann ein Zusammenhang, wenn mehr Gerechtigkeit verwirklicht werden soll.
Der Ursprung der christlichen Palmsonntagsfeier geht auf Jerusalem zurück, wo man die einzelnen Ereignisse des Leidensweges Jesu in eigenen Feiern und Riten nachbildete.

***Palmzweig, Ölzweig***

Wie die Taube ist der Ölzweig Symbol des Friedens. Die Palme hat ihre Wurzeln im lebendigen Wasser. Dort ist auch der Gerechte verwurzelt, der nach dem Psalm wie die Palme gedeiht (vgl. Psalm 92,13). Als Sinnbild der Freude und des Jubels dienten Palmwedel beim Laubhüttenfest und auch beim Einzug des „Friedenskönigs" Jesus in Jerusalem. Den Kirchenvätern galt die Palme im Einklang mit der Antike als Zeichen der sieghaften Vollendung und des Triumphes, besonders der im Martyrium Vollendeten in Anlehnung an Offenbarung 7,9: „Danach sah ich eine große Schar aus allen Nationen ... Sie standen in weißen Gewändern vor dem Thron und vor dem Lamm und trugen Palmzweige in den Händen."

## KARWOCHE
## WOCHE VOR OSTERN

Die Woche zwischen Palmsonntag und Ostern heißt Karwoche. „Kar" leitet sich vom mittelalterlichen Wort Wehklage, Sorge ab, das sich noch in dem englischen „care" findet. Kartage sind im engeren Sinn Gründonnerstag, Karfreitag und Karsamstag. Die Vorsilbe „Kar" für den Montag, den Dienstag und Mittwoch hat sich nicht durchgesetzt.

## GRÜNDONNERSTAG

Stiftung des christlichen Abendmahls, der Eucharistie. Am Abend des Gründonnerstags beginnen die drei Tage, in denen Jesus seinen Lebensweg vollendet. Die Ereignisse können nicht gegensätzlicher sein. Erfahrungen von Freundschaft gehen mit Verrat einher, der vom Volk verehrte Prophet gerät in die Mühlen der jüdischen und römischen Justiz, das Unglück nimmt seinen Lauf, nur wenige bringen die Kraft auf, Jesus auf dem Kreuzweg zu begleiten.
Am Abend vor seiner Kreuzigung hält Jesus im Zusammenhang mit dem jüdischen Passahfest das rituelle Mahl mit den 12 Aposteln, die für die 12 Stämme Israels stehen. Das Volk gedenkt am Passahfest der Befreiung aus Ägypten und des Durchzugs durch das Rote Meer. Dieses Mahl hat folgenden Ablauf:

- Segenssprüche über den ersten Becher Wein;
- Auftragen der ungesäuerten Brote und der Kräuter;

- Auftragen des Passahlammes;
- Erzählung der Auszugsgeschichte;
- 1. Teil des großen Hallel (Psalm 113, 114,1-8)
- Zweiter Becher;
- Verzehren des Passahlammes mit bitteren Kräutern und ungesäuertem Brot;
- Dritter Becher mit einer Danksagung über das Mahl;
- Vierter Becher mit dem zweiten Teil des Hallel (Psalm 115-118)

Jesus hat Teile dieses rituellen Mahles, jedoch nicht den zentralen, den Verzehr des Lammes, aufgegriffen und mit einem neuen Sinn versehen. Dabei hat er die Darreichung des Brotes und des (vierten) Bechers mit Deute-Worten verbunden. In der christlichen Fortführung des Mahles wird Jesus selbst als das Lamm gesehen, das am Kreuz geopfert wurde. Dieses Mahl ist als Eucharistiefeier (Katholiken und Orthodoxie) oder als Abendmahl der evangelischen Kirchen bis heute die zentrale Versammlung der Christen. Es wird auch an Werktagen, aber besonders am Sonntag zugleich als Gedächtnis an die Auferstehung Jesu gefeiert. Es ist nicht nur Rückblick, sondern es vergegenwärtigt die damaligen Geschehnisse. Zugleich greift es aus auf die Vollendung der Welt. Im Matthäusevangelium sagt Jesus: „Ich sage euch: Von jetzt an werde ich nicht mehr von der Frucht des Weinstocks trinken, bis zu dem Tag, an dem ich mit euch von neuem davon trinke im Reich meines Vaters.“ (Kap. 26,29). Mit dem Mahl wird ein neuer Bund gestiftet, es bewirkt die Vergebung der Sünden und wird so lange gefeiert, bis die Welt vollendet ist. Diese Vollendung wird wieder ein Mahl sein, das Jesus mit den Seinen feiert. Jesus nennt das Brot seinen Leib. Mit Leib ist das ganze Wesen des Menschen gemeint. Seinen Leib hingeben, heißt dasselbe wie seine Seele hingeben, d. h. „sich selbst". Im Judentum wird diese Terminologie auf den Märtyrertod angewandt. Schon für die Teilnehmer des jüdischen Mahles galt, dass der Bund eine bleibende Realität ist. Gott hat jeden Israeliten, nicht nur deren Vorfahren, befreit. Gleiches sagen die Christen von Jesus. Nicht nur den Jüngern ist in Brot und Wein die Lebenshingabe Jesu zuteil geworden, sondern allen, die in seine Jüngerschaft aufgenommen werden.

### *Die Bedeutung des Namens „Gründonnerstag"*

Die Herkunft des Namens ist nicht völlig geklärt. Er leitet sich möglicherweise von dem mittelhochdeutschen Wort ab, das in den Worten „greinen" oder „grienen" noch fortlebt. Es würde sich dann auf die Wiedereingliederung der Büßer beziehen, die als „Weinende" gesehen wurden. Ihre Entlassung aus dem Büßerstand führte auch zur Bezeichnung „Antlasstag". Möglicherweise kommt Gründonnerstag auch tatsächlich von Grün, weil im Mittelalter an diesem Tag grüne Messgewänder getragen wurden.

### *Die Glocken verstummen*

Das Abschiedsmahl wird in den Abendstunden als feierliche Messe gefeiert. In Abgrenzung zum Bußcharakter der Fastenzeit und des kommenden Karfreitags wird der Gottesdienst feierlich gestaltet. Es wird das Gloria gesungen, dabei läuten die Glocken, die dann bis zur Osternacht schweigen sollen. Der Volksmund sagt, dass sie nach Rom fliegen. Es werden bis Ostern auch nicht mehr die Schellen benutzt, mit denen die Messdiener bestimmte Augenblicke im Gottesdienst herausheben. Sie benutzen stattdessen kleine Holzplatten, auf die ein Holzklöppel montiert ist. Um die Menschen zum Gottesdienst einzuladen, gehen die Messdiener mit Ratschen durch den Ort.

### *Fußwaschung*

Vorgeschlagen, vor allem für Bischofs- und Abteikirchen, ist die Fußwaschung durch den Bischof, Abt bzw. Priester als Nachahmung des Vorbildes Jesu. Dieser hatte vor dem Mahl seinen Jüngern die Füße gewaschen. Im Mittelalter bildete sich der Brauch heraus, dass der Fürst und sogar der König die Fußwaschung innerhalb des Gottesdienstes vornahmen.

### *Ölbergandacht*

Nach dem Ende des Gottesdienstes wird das konsekrierte Brot in einer Prozession zu einem Seitenaltar gebracht. Der Hauptaltar wird völlig abgeräumt, es bleibt kein Tuch auf ihm liegen. Die Entblößung des Altars stellt symbolisch die Entäußerung Jesu dar. Die Gläubigen bleiben still oder beten gemeinsam, um des Gebetes und der Todesangst Jesu am Ölberg zu gedenken.

*Weihe der heiligen Öle*

Am Gründonnerstag oder einem anderen Tag der Karwoche werden in der Bischofskirche die für die Sakramentenspendung benötigten Öle geweiht. Das Chrisam ist für die Salbung nach der Taufe, für die Firmung, die Weihe von Bischöfen und Priestern sowie für die Weihe von Kirchen und Altären. Das Katechumenenöl stärkt auf dem Weg zur Taufe. Als Drittes wird das Krankenöl geweiht. Das Öl versinnbildlicht den Heiligen Geist Gottes. Die Priester des Bistums sind zur Mitfeier eingeladen und nehmen das geweihte Öl für den Gebrauch in ihrer Pfarrei mit.

## KARFREITAG

An den Karfreitag erinnert in fast jeder Kirche das Kreuz. Der Freitag hat auch während des Jahres den Charakter des Gedächtnisses an den Tod Jesu. Jesus ist zu dem schmerzlichsten und schmählichsten Tod verurteilt worden, den die damalige Zeit kannte. Für seine Anhänger brach alles zusammen. Gott musste den Messias, der seine Sendung durch Wunder und überzeugende Worte erwiesen hatte, verlassen haben, wenn er von Heiden auf diese Weise umgebracht werden konnte. Jesus hatte während des gemeinsamen Mahles selbst seinen Tod als Sühnopfer gedeutet.

Es gibt mehrere Motive, warum die jüdische Obrigkeit Jesus beseitigen will, ja glaubt, beseitigen zu müssen. Johannes berichtet von einer Beratung im

Hohen Rat. Dabei spielen politischen Überlegungen eine entscheidende Rolle. Jesus könne Auslöser für eine Aufruhrbewegung sein, die von den Römern niedergeschlagen und mit härteren Unterdrückungsmaßnahmen beantwortet würde (Johannes 11,45–53). Der Hohepriester Kajaphas spricht den berühmten Satz: „Es ist besser, dass einer für das Volk stirbt, als dass das ganze Volk zugrunde geht." Die Ablehnung des Boten Gottes durch die Juden wird von den Evangelisten als ein Motiv für den Tod Jesu dargestellt. Im Verhör vor dem Hohen Rat wird Jesus der Gotteslästerung überführt, weil er sich als Messias und Sohn Gottes bezeichnet. Vor Pilatus argumentieren die Hohen Priester, dass Jesus die Königswürde beanspruche und damit die Oberhoheit des Kaisers in Frage stellt.
Wie haben die Christen eine Antwort auf die Frage gefunden, warum Gott den Tod seines Messias hinnehmen konnte? Im Alten Testament finden sie eine Antwort und entdecken die Konturen eines göttlichen Heilsplans. Das Gebet Jesu im Garten drückt aus, dass Jesus sein Leiden als Willen Gottes akzeptiert. Im Bericht von den Emmausjüngern heißt es: „Ihr Unverständigen, wie schwer fällt es euch, an all das zu glauben, was die Propheten geweissagt haben. Musste der Messias nicht dies alles leiden und so in seine Herrlichkeit eingehen." (Lukas 24,25-26)
Hinweise finden sich im Buch der Weisheit (2,12-22). Im zweiten Teil des Jesajabuches gibt es vier Lieder von einem Gottesknecht. In dieser Gestalt sehen die ersten Christen das Leiden Jesu gedeutet.

Das vierte Lied vom Gottesknecht wird im Karfreitagsgottesdienst gelesen. Einige Verse zeigen bereits, welche Deutungskraft das Lied für die ersten Christen, die ja Juden waren, haben musste:
Viele haben sich über ihn entsetzt, denn er sah entstellt aus,
nicht wie ein Mensch, seine Gestalt war nicht mehr die eines Menschen. ...
Wie ein Mensch, vor dem man das Gesicht verhüllt, war er bei uns verfemt und verachtet.
Aber er hat unsere Krankheiten getragen und unsere Schmerzen auf sich genommen.
Wir meinten, er sei vom Unheil getroffen, von Gott gebeugt und geschlagen.
Doch er wurde durchbohrt wegen unserer Verbrechen, wegen unserer Sünden misshandelt.
Weil die Strafe auf ihm lag, sind wir gerettet, durch seine Wunden sind wir geheilt. ...
Doch der Herr fand Gefallen an seinem misshandelten Knecht,
er rettete den, der sein Leben als Sühneopfer hingab ..." (Jesaja 52,14; 53,3-5.10)
Vgl. auch die anderen Gottesknechtlieder (Jesaja 42,1-9; 49,1-9; 50,4-9).
Die Evangelien sehen im Geschick Jesu Gottes Handeln. So wie Jesus seinen Weg gegangen ist, so handelt Gott. Markus führt den Hörer zu dieser Einsicht. Jesus wird nicht durch Machttaten, durch den Erweis von Überlegenheit als Sohn Gottes erkannt, sondern in seinem Tod: Als der Hauptmann, der Jesus gegenüberstand, ihn auf diese Weise sterben

sah, sagte er: „Wahrhaftig, dieser Mensch war Gottes Sohn“ (Markus 15,39).

*Entwicklung des Karfreitags*

Der Gedächtnistag des Leidens und Sterbens Jesu war ein Tag der Trauer und, um das Mitleiden auszudrücken, ein Tag des Fastens. Dieses Fasten ist schon im 2. Jahrhundert bezeugt. Von daher kommt auch der Brauch, an jedem Freitag zu fasten und damit des Leidens Jesu zu gedenken. Anfangs wurde dieser Tag wohl ohne einen Gottesdienst begangen.
In Jerusalem entstand die Verehrung des Kreuzes, das 320 von der Kaiserin Helena wiedergefunden worden war. Im Westen entwickelte sich ein Gottesdienst mit Lesungen und Gebeten; die Verehrung des Kreuzes wurde schon früh an Orten gepflegt, die eine Reliquie des Kreuzes erhalten hatten. Bis heute wird am Karfreitag keine Heilige Messe zelebriert. Erst seit dem 7. Jahrhundert wurde eine Kommunionfeier an den Gebetsgottesdienst angeschlossen. Die Hostien werden bereits in der Gründonnerstagsmesse konsekriert. Der Zeitpunkt des Karfreitagsgottesdienstes liegt seit dem Mittelalter am Nachmittag. Die Todesstunde Jesu ist nach den Berichten der Evangelien 15 Uhr. Der Karfreitagsgottesdienst hat eine eigenständige, sehr alte Liturgie, die ihn von anderen Gottesdiensten unterscheidet. Drei Teile bilden die Feier:

1. Wortgottesdienst

Im Mittelpunkt steht die Passion nach Johannes, der zwei Lesungen vorausgehen. Dieser Wortgottesdienst wird mit den „Großen Fürbitten“ abgeschlossen, die ein hohes Alter haben.

2. Kreuzverehrung

Das seit dem 5. Fastensonntag vielerorts durch ein Tuch verhüllte Kreuz wird enthüllt. Dabei wird leitmotivisch der Vers gesungen: „Seht das Kreuz, an dem der Herr gehangen, das Heil der Welt.“ Priester, Messdiener und auch die Gläubigen nähern sich mit drei Kniebeugen dem Kreuz und küssen oder verehren es auf andere Weise.

3. Kommunionfeier

Es werden dann die bereits am Gründonnerstag konsekrierten Hostien vom Tabernakel zum Altar gebracht. Darauf folgt dann nach dem „Vater unser“ nur die Kommunionausteilung.

Nach dem Gottesdienst wird der Altar wieder abgeräumt.

***Passionsdarstellungen***

Die Darstellung des Leidens Christi in Schauspielen geht auf das Mittelalter zurück. Heute wird die Passion gesungen, oft die von J. S. Bach vertonten. Einiges Brauchtum leitet sich vom Trauercharakter des Tages ab. Der Tag darf nicht durch Tanzen entweiht werden. Der Schmied darf weder Hammer noch Nägel gebrauchen, weil sie Leidenswerkzeuge Christi waren. Man soll am Karfreitag weder ein Tier töten, noch ein Tier schlagen.

***Pieta oder Vesperbild***
Maria, die den vom Kreuz abgenommenen Körper auf dem Schoß hält. Das Bild bzw. die Skulptur zieht Beter an, die Trost in ihrem Leid suchen. Die Bezeichnung Vesperbild bezieht sich auf die Stunde am Nachmittag, da Jesus am Karfreitag vom Kreuz genommen wurde.

### KARSAMSTAG
Der Karsamstag bleibt im Gedächtnis an die Grabesruhe Jesu ohne Gottesdienst. Der Tag hat als Thema den Hinabstieg Jesu in die Unterwelt, aus der er Adam und Eva hervorholt.

## OSTERN

### OSTERSONNTAG
### ERSTER SONNTAG NACH DEM FRÜHLINGSVOLLMOND
Ostern erinnert an ein unwahrscheinliches Ereignis. Ein junger Mann, der hingerichtet worden war, soll wieder leben. So sagen es Frauen, die nach der Sabbatruhe am ersten Wochentag nach dem Grab schauen. Diese Mitteilung erzeugt nur Skepsis. Jesus war mit seiner Mission nicht nur gescheitert, seine Anhänger sahen in dem Tod auch bestätigt,

was die Ankläger gegen Jesus vorbrachten – er ist gar nicht der von Gott gesandte Messias, Gott steht nicht hinter ihm. Seine Gegner hatten ihn so am Kreuz verhöhnt: „Er hat auf Gott vertraut: der soll ihn jetzt retten, wenn er an ihm Gefallen hat" (Matthäus 27,43). Jetzt hat Gott doch Gefallen an ihm, er lebt. Aber es ist doch anders als erwartet, denn auch die Gegner Jesu wären nicht überrascht gewesen, wenn Gott ihn vom Kreuz heruntergeholt hätte. Rettung bedeutete für sie, dass Jesus nicht gestorben wäre. Eine solche Legende wird im Islam erzählt. Jesus sei vom Kreuz herabgestiegen, hätte Palästina verlassen, Maria Magdalena geheiratet und sei in Persien gestorben. Jesus war nicht einfach gestorben, sondern wurde durch Geißelung und Verspottung erniedrigt und durch das Kreuz hingerichtet. Damit war er ein Ausgestoßener. Bis auf wenige wandten sich seine Anhänger enttäuscht ab. Nur seine Mutter, der junge Johannes und einige Frauen begleiteten ihn auf seinem Weg. Die Auferstehung überspringt die bittere Realität des Menschen nicht, sie steht nicht über der Geschichte, sondern leuchtet die dunkelsten Seiten des Menschen aus. Seit der Auferstehung gibt es gerade für ungerecht Verurteilte, für die Mobbingopfer eine Rückkehr ins Leben.

### *Ostertermin*

In der zweiten Hälfte des 2. Jahrhunderts gab es bereits einen Streit um das Datum des Osterfestes, den sogenannten Osterfeststreit. Strittig war, ob Ostern an einem Sonntag gefeiert werden soll oder im Zusammenhang mit dem jüdischen Passahfest. Dieses fällt auf einen jeweils anderen Wochentag, wie bei uns Weihnachten, weil es am Tag des ersten Frühlingsvollmondes gefeiert wird. Die Christen hatten bereits den Sonntag eingeführt, dieser folgte jede Woche auf den jüdischen Sabbat. Das geht auf die Tagesabfolge im Todesjahr Jesu zurück. In diesem Jahr lag das Passahfest kurz vor einem Sabbat. Da die Frauen und dann die Jünger am Tag nach dem Sabbat das leere Grab entdeckten, wird der Sonntag am jüdischen Montag gefeiert. Weil das Christentum immer mehr aus dem Judentum herauswuchs und sich beide Seiten trennten, kam es beim Konzil von Nicäa zu der Entscheidung, dass die Christen Ostern am Sonntag nach dem ersten Frühlingsvollmond feiern. Damit Ostern auf keinen Fall mit dem jüdischen Passahfest zusammenfällt, wurde bestimmt, dass der Ostersonntag dann, wenn er mit dem jüdischen Passahfest zusammenfällt, am Sonntag nach dem Frühlingsvollmond gefeiert wird. Der Ostertermin schwankt deshalb zwischen dem 22. März und 25. April.

### *Ursprung der Bezeichnung „Ostern"*

Als Deutschland seine Wurzeln im Germanischen suchte, glaubte man, den Ursprung des Wortes „Ostern" bei einer germanischen Gottheit gefunden zu haben. Inzwischen ist deutlich, dass eine Gottheit „Eosturmonath" oder „Ostera" nie verehrt wurde. Allerdings kommt Ostern vom germanischen „ausa“, das im Nordgermanischen „schöpfen, gießen“ heißt. Die Namensnennung wurde als „vatni ausa“ bezeichnet, d. h. „mit Wasser begießen“. Die Pluralform des Wortes Ostern erklärt sich aus dem dreimaligen Begießen des Täuflings.

## OSTERNACHT

Wie Weihnachten wird das Festgeheimnis in der Nacht gefeiert, denn Jesus war am Ostermorgen auferstanden. In einer langen Liturgie werden verschiedene Elemente verbunden:
Vor der Kirche wird am Osterfeuer die Osterkerze entzündet.
Der Diakon bzw. der Priester bringen die Kerze mit dem dreimaligen Ruf „Lumen Christi“ in die Kirche.
Von der Osterkerze aus wird das Licht weitergegeben, die Gläubigen entzünden eine kleine Kerze, die Kirche bleibt bis zum Gloriagesang dunkel.
Im Exultet wird das Ereignis der Auferstehung Jesu besungen.
Es folgen Lesungen aus dem Alten Testament, der Schöpfungsbericht, der Durchzug der Israeliten durch das Rote Meer u. a. Die Lesungen schließen mit dem Osterevangelium.
Tauferneuerung: Das Taufwasser wird geweiht, indem der Priester mit einem Segensgebet die Osterkerze in das Wasser senkt. Die Gläubigen erneuern ihr Taufversprechen und werden mit dem geweihten Wasser besprengt.

Gabenbereitung, Präfation, Hochgebet und Kommunion folgen wie in der Sonntagsmesse.
Nach dem Gottesdienst werden in vielen Gemeinden Ostereier verteilt, die Gläubigen nehmen von dem geweihten Wasser mit nach Hause.

### *Osterkerze*

Im ersten Teil des Osternachtgottesdienstes steht die Osterkerze im Mittelpunkt. Sie wird an einem Feuer außerhalb der Kirche entzündet. Sie trägt die Buchstaben Alpha und Omega, die ersten und letzten Buchstaben des griechischen Alphabetes, die auf Christus hinweisen, durch den alles geschaffen ist und der die Geschichte durch das Weltgericht beenden wird. Neben der Jahreszahl werden noch fünf mit rotem Wachs überzogene Nägel in die Kerze gesteckt. Sie symbolisieren die fünf Wunden an den Händen, den Füßen und dem durch die Lanze durchstoßenen Herz.
Der Diakon trägt die Kerze in die dunkle Kirche mit dem dreimaligen Ruf „Lumen Christi“ („Licht Christi“). Die Gläubigen entzünden kleine Kerzen an der Osterkerze. Es folgt ein Gesang, der die Auferstehung Jesu preist. Er beginnt mit dem Wort „Exsultet“: „Frohlocket ihre Chöre der Engel, frohlocket, ihr himmlischen Scharen ... preiset den Sieger, den erhabenen König.“

### *Osterwasser*

Wasser ist wie das Licht Zeichen des Lebens. Es erhält als Taufwasser eine besondere Bedeutung. Ostern als Fest des neuen Lebens steht in unmittelbarer Beziehung zur Taufe, auch deshalb, weil in der frühen Kirche diejenigen in der Osternacht getauft wurden, die sich während der Fastenzeit darauf vorbereitet hatten. In den letzten Jahren ist Ostern wieder ein Tag geworden, an dem Erwachsene getauft werden. Das Wasser wird während des Gottesdienstes geweiht, indem die Osterkerze in das Becken gesenkt wird. Die Gläubigen nehmen sich von dem geweihten Wasser etwas mit nach Hause.

### *Lamm, Osterlamm*

In vielen Kirchen, vor allem in Süddeutschland, wird an Ostern ein Lamm auf den Altar oder in den Chorraum gestellt. Eine Fahne weist auf den Sieg des Lammes hin, das den Tod überwunden hat. Das Lamm steht für Christus. Johannes der Täufer weist auf Jesus mit den Worten hin: „Seht, das Lamm Gottes, das die Sünde der Welt hinwegnimmt" (Johannes 1,29). Mit dieser Formel werden die Gläubigen in jeder Messe zum Empfang der Kommunion eingeladen. In der Geheimen Offenbarung des Johannes erscheint das Lamm. Das Lamm verweist auf das Opfer, den blutigen Tod Jesu. Deshalb spricht man auch nicht vom Osterschaf, sondern vom Osterlamm.

### *Osterritt*

In der Lausitz hat sich die sorbische Volksgruppe bis heute ein eigenes Brauchtum bewahrt. Reiter bringen die Botschaft von der Auferstehung in die Dörfer. Sie umreiten die Kirchen und die Friedhöfe, damit auch die Toten die frohe Botschaft hören können.

### *Osterei*

Das Ei ist in vielen Kulturen ein Symbol für den Kosmos. Es symbolisiert die ganze Welt, die sich an Ostern verändert hat. Denn das Küken, das aus dem Ei herauschlüpft, ist ein Bild für Jesus, der den Stein vom Grab wegschiebt. Deshalb ist das „Eierditschen" nicht ein Wettkampf, wessen Ei am längsten hält. Es ist vielmehr umgekehrt, die Eischale muss kaputt gehen. Eier sind weiter ein Zeichen des Frühlings. Die Hühner legen viele Eier. Da früher in der Fastenzeit keine Eier gegessen wurden, gab es an Ostern viele Eier.

### *Osterhase*

In der byzantinischen Kirche gilt der Hase als Symbol für die Auferstehung, weil er beim Schlafen die Augen nicht schließen soll, ein Bild dafür, dass Jesus nicht im Tod geblieben ist. Warum der Osterhase Eier legen soll, leitet sich vielleicht von seiner Fortbewegung ab. Er hoppelt und bleibt dann sitzen, als ob er etwas ausbrüten oder ein Ei legen würde. Es gibt auch andere Tiere, denen das Bringen der

Ostereier zugeschrieben wird, so dem Fuchs in Niedersachsen, dem Storch in Thüringen, dem Kuckuck in der Schweiz. Im Alpenraum sagt man, dass die Glocken, die aus Rom zurückkommen, die Eier mitbringen. Nach Rom waren sie nach dem Gründonnerstagsgottesdienst geflogen, denn ab dem Gloria der Gründonnerstagsmesse werden die Glocken bis in die Osternacht nicht mehr geläutet.

## OSTERMONTAG

Am Ostermontag wird traditionell das Evangelium von den beiden Emmausjüngern gelesen, die enttäuscht Jerusalem verlassen. Sie hatten gehofft, dass Jesus das Reich Davids wieder errichten und die römische Besatzung vertreiben würde. Jesus gesellt sich ihnen zu, sie erkennen ihn nicht. Er erklärt ihnen aus der jüdischen Bibel, dass „der Messias all das erleiden (musste), um so in seine Herrlichkeit zu gelangen“ (Lukas 24,26). Als sie mit ihm in Emmaus einkehren und er mit ihnen Mahl hält, erkennen sie ihn. Jesus entzieht sich, die beiden kehren nach Jerusalem zurück. Der durch Goethes Faust berühmt gewordene Osterspaziergang leitet sich von diesem Emmausgang her.

## WEISSER SONNTAG
## ERSTER SONNTAG NACH OSTERN

Am Sonntag nach Ostern gehen Kinder im Grundschulalter zur ersten heiligen Kommunion, sie empfangen das Abendmahl. Die Mädchen sind oft wie kleine Bräute gekleidet, die Jungen in einem neuen Anzug. Trotz der weißen Kleider der Mädchen stammt die Bezeichnung des Sonntags jedoch nicht von diesem, seit dem 16. Jahrhundert aufgekommenen Termin für die Erstkommunion, sondern weil in der frühen Kirche die an Ostern Getauften ihr weißes Gewand acht Tage später abgelegt haben.

Da am Sonntag nach Ostern das Evangelium vom zweifelnden Thomas vorgelesen wird, heißt dieser Tag auch Sonntag der Zweifler.

## BITTTAGE VOR CHRISTI HIMMELFAHRT

Aus Flurprozessionen, die dem Segen für die neue Ernte dienen sollen, leiten sich die drei Bitttage vor Christi Himmelfahrt her, die oft ohne Prozession als Bittgottesdienste in den Kirchen erhalten geblieben sind.

## CHRISTI HIMMELFAHRT
## 40 TAGE NACH OSTERN, 9 TAGE VOR PFINGSTEN

Christi Himmelfahrt wird 40 Tage nach Ostern gefeiert, weil die Apostelgeschichte berichtet: „Ihnen hat er nach seinem Leiden durch viele Beweise gezeigt, dass er lebt; vierzig Tage hindurch ist er ihnen erschienen und hat vom Reich Gottes gesprochen" (Kap. 1,3). Die Zahl 40 galt als heilig. Himmelfahrt heißt, dass Jesus den Jüngern nicht mehr begegnet,

weil er zu Gott, seinem Vater zurückgekehrt und zum Herrscher und endgültigen Richter der Welt eingesetzt ist. Wie Lukas kennt auch das Matthäusevangelium einen Abschluss der Begegnungen Jesu mit den Jüngern (28,16-20). Jesus begegnet den Jüngern auf einem Berg in Galiläa. Die Begegnung und damit auch das Matthäusevangelium schließen mit dem Missionsauftrag: „Darum geht zu allen Völkern, und macht alle Menschen zu meinen Jüngern; tauft sie auf den Namen des Vaters und des Sohnes und des Heiligen Geistes, und lehrt sie, alles zu befolgen, was ich euch geboten habe. Seid gewiss: Ich bin bei euch alle Tage bis zum Ende der Welt."
Am Himmelfahrtstag wurde früher die Osterkerze nach dem Evangelium ausgelöscht. In manchen Kirchen wurde eine Christusfigur nach oben gezogen.

### *Vatertag*

Dass sich nach der Einführung des Muttertages 1908 ein Vatertag entwickelte, erklärt noch nicht, warum dieser an Christi Himmelfahrt gefeiert wird. In der Bibel wird berichtet, dass die Jünger zum Ölberg hinausgegangen waren, um sich von Jesus zu verabschieden, der durch eine Wolke ihren Blicken entzogen wurde. Dieser Männerausflug wird am Himmelfahrtstag fortgeführt.

## PFINGSTEN
## 50 TAGE NACH OSTERN

Pfingsten kommt von griechisch „Fünfzig“ (Pentecoste). Der Pfingsttag liegt 7 Wochen nach Ostern, zählt man den ersten und letzten Tag mit, kommt man auf 50 Tage. Pfingsten ist in unseren Breiten auch ein Sommerfest und hat daher ein ähnliches Brauchtum wie der 1. Mai.

Wie Ostern geht Pfingsten auf ein jüdisches Fest, das Siebenwochenfest, zurück. An dem Tag trafen sich die Anhänger Jesu in Jerusalem und erlebten etwas, das sie von verängstigten Anhängern eines gescheiterten Propheten zu mutigen Predigern des Evangeliums machte. Die Apostelgeschichte (2. Kapitel) berichtet, dass ein Brausen das Haus erfüllte, in dem sich die Anhänger Jesu versammelt hatten. Zungen wie von Feuer lassen sich auf die einzelnen nieder. Darauf weist die liturgische Farbe „Rot“ an Pfingsten hin. Die Bevölkerung von Jerusalem eilt zusammen und hört die Jünger in verschiedenen Sprachen reden. Petrus hält seine erste öffentliche Predigt, 3000 Menschen lassen sich überzeugen. Die Christen verstehen sich weiterhin als Teil des Judentums, sie nennen ihre Bewegung den „Neuen Weg“.

Pfingsten hat trotz dieser Trennung vom Judentum die Tradition des Siebenwochenfestes weitergeführt. An dem Tag gedenken die Juden der Gesetzgebung am Sinai, die durch ähnliche Phänomene begleitet wurde. Der Berg ist in Wolken, Gott fährt im Feuer herab, er spricht zu Mose im Donner (Ex

19,16-19). In den Targumen, den rabbinischen Kommentaren, wird der Zusammenhang von Gottes Reden und dem Feuer betont, die Worte Gottes sind wie brennende Pfeile und Feuerflammen, die Stimme ist als Feuer sichtbar, das sich in Zungen verteilt. Auch die Aussage, dass jedes Volk die Worte in seiner Sprache versteht, wird herausgestellt. Das Gesetz wurde am Sinai bereits allen Völkern verkündet und auf der ganzen Welt gehört. So sind unter den Zuhörern nicht nur Jerusalemer Bürger, sondern Menschen aus vielen Nationen. Der Bericht zählt 16 Nationen bzw. Sprachen auf.

Die Ausgießung des Geistes auf alle, nicht nur auf Propheten und andere ausgewählte Menschen, ist selbst ein Zeichen der messianischen Zeit und wird von den christlichen Predigern als Beweis für ihre Behauptung gesehen, dass Jesus der Messias ist. Die Begabung mit dem Geist ist dann auch das Neue, was jeden Christen ausmacht. Der Geist wohnt in ihm, der Christ wird „Tempel des Heiligen Geistes“. In der Firmung bzw. Konfirmation wird das ausdrücklich gemacht. Der Christ ist zu einem geistlichen Leben berufen, Spiritualität leitet sich von dem lateinischen Wort für Geist her.

Pfingsten gilt als Gründungstag der Kirche und hat in der Ökumene neue Bedeutung gewonnen.

### *Taube und Feuerzungen als Symbole für den Heiligen Geist*

Die Taube ist wohl deshalb ein Hinweis auf den Heiligen Geist, weil sie zu Ihrem Ausgangspunkt zurückfindet. Ähnlich führt der Geist den Menschen zu seinem Ursprung, zu seinem Schöpfer zurück. Als Jesus von Johannes getauft wird, kommt der Heilige Geist in Gestalt einer Taube auf ihn herab (Matthäus 3,16). An Pfingsten ist nach dem Bericht der Apostelgeschichte keine Taube erschienen. Stattdessen spricht der Pfingstbericht der Apostelgeschichte (Kap. 2,3) von Feuerzungen. Sie befreien die Jünger Jesu zum Reden, so dass Menschen unterschiedlicher Herkunft sie verstehen können. Wenn in einigen Kirchen am Pfingsttag rote Blütenblätter auf die Gottesdienstgemeinde herunterschweben, erinnert das an die Feuerzungen des ersten Pfingstfestes.

### *Pfingstritt – Segnung der Felder*

Soll der Osterritt der Sorben die Botschaft der Auferstehung in die Dörfer tragen, so gilt der Pfingstritt den Feldern. Ein Gebiet zu umreiten, ist eine Art Segenshandlung. So soll auch der Pfingstritt am Pfingstmontag den Saaten Nutzen bringen. Wenn Menschen an Pfingsten eine Quelle aufsuchen, wollen sie an dem neue Leben, das mit dem Frühjahr wieder aufgebrochen ist, teilhaben.

*Ende der Osterzeit*

Mit Pfingsten endet die Osterzeit. Der folgende Sonntag, der Dreifaltigkeitssonntag, Trinitatis, zählt bereits zu den Sonntagen im Jahreskreis.

## DREIFALTIGKEITSSONNTAG SONNTAG NACH PFINGSTEN, TRINITATIS

Am Sonntag nach Pfingsten wird das Gottesbild des Christentums Thema: Gott ist einer und zugleich drei Personen: Vater, Sohn und Heiliger Geist. Juden und Moslems lehnen diesen Glauben strikt ab. Das Fest ist in Frankreich vor der Jahrtausendwende entstanden. Der Dreifaltigkeitssonntag wurde 1334 für die ganze Kirche eingeführt.

Am Dreifaltigkeitssonntag wird das innere Leben des dreifaltigen Gottes betrachtet. Der Christ ist in das Leben der drei göttlichen Personen einbezogen. Jedes Kreuzzeichen „Im Namen des Vaters und des Sohnes und des Heiligen Geistes" drückt das aus, in jedem Gottesdienst wendet sich die Gemeinde an Gott, den Vater, durch Jesus Christus im Heiligen Geist.

## MARIENMONAT MAI

Neben dem Oktober ist der Mai in besonderer Weise der Mutter Jesu gewidmet. Maiandachten in der Hauptkirche wie auch in Kapellen schöpfen aus dem reichen Schatz der Marienlieder und Mariengebete. Im 19. Jahrhundert entwickelten sich von Italien aus die Maiandachten und verbreiteten sich in der katholischen Kirche.

### *Maibräuche*

Mit dem Mai beginnt der Sommer. Es ist ein Fest für die jungen Leute. Sie stellen einen Maibaum auf und bewachen ihn, damit er nicht gestohlen wird. Junge Männer stellen dem von ihnen verehrten Mädchen eine Birke, geschmückt mit Bändern, vor das Fenster. Früher wurden durch Los Paare gebildet, der junge Mann führte seine Maibraut zu Festen und Tanzveranstaltungen aus. In einigen Gegenden werden in der Nacht zum 1. Mai Tore ausgehängt und anderer Schabernack getrieben, von Volkskundlern als Abwehrzauber gedeutet, von den jungen Leuten als Erlaubnis, in dieser Nacht andere ärgern zu dürfen.

## JOSEF, DER ARBEITER
## 1. MAI

Da die Gewerkschaften den 1. Mai zum Tag der Arbeit erklärt haben, wurde 1955 dem Tag durch die Einführung des Festes „Josef, der Arbeiter“ ein kirchlicher Akzent gegeben. Josef, der Ernährer der Heiligen Familie, war Zimmermann. Auch Jesus hat dieses Handwerk ausgeübt, bis er im Alter von 30 Jahren öffentlich auftrat.

## DIE „EISHEILIGEN“
## 12. BIS 14. MAI

Weil an diesen Tagen mit Frost gerechnet werden muss, heißen die Heiligen, deren Gedächtnis gefeiert wird, die Eisheiligen: Pankratius, Servatius und Bonifatius, mancherorts zusätzlich Mamertus und Sophia („kalte Sophie“)

## FRONLEICHNAM
## HOCHFEST DES LEIBES UND BLUTES CHRISTI
## ZWEITER DONNERSTAG NACH PFINGSTEN,

Die Prozession mit dem eucharistischen Brot, eingefasst durch die sonnenförmige Monstranz (lat. monstrare = zeigen), ist zu einem typisch katholischen Fest geworden. Entstanden ist Fronleichnam in Lüttich und wurde dort 1246 zum ersten Mal gefeiert. Keine zwanzig Jahre später hat der aus Lüttich stammende Papst Urban IV. das Fest 1264 für die ganze Kirche eingeführt. Leichnam bedeutet nicht „toter Leib“, sondern Leib, Fron kommt von Herr. Köln ist die Stadt der ersten Fronleichnamsprozession, 1279 wurde hier das eucharistische Brot zum ersten Mal feierlich durch die Stadt getragen. Neben der Prozession durch Straßen und Wege gibt es auch Schiffsprozessionen, so auf einigen Alpenseen und auf dem Rhein bei Köln, die Mühlheimer Gottestracht. Das Fest folgt auf den Sonntag nach Pfingsten und knüpft an den Gründonnerstag an, der wegen der Karwoche nicht in großer Feierlichkeit begangen werden kann.

Fronleichnam spiegelt die Frömmigkeit des hohen Mittelalters wider. Bei der Messe wird die Wandlung besonders herausgehoben. Der Priester hebt die Hostie hoch, so dass alle sie sehen können. Nicht mehr der Verzehr des gewandelten Brotes, sondern das Sehen tritt in den Vordergrund. Der Augenblick der Wandlung wird durch die Monstranz, die das geweihte Brot einrahmt, festgehalten.
Eine zweite Wurzel des Festes sind die Flurumgänge, um die Felder bzw. die Stadtviertel zu segnen. Deshalb macht die Prozession an vier Altären Halt, um alle Himmelsrichtungen abzuschreiten. Da es auch vier Evangelien gibt, wird an jedem Altar aus einem anderen Evangelium gelesen. Der Prozessionsweg wird mit Blumen und Bildern geschmückt, Mädchen streuen Blumen, die Monstranz wird unter einem Tuch getragen, das an vier Stöcken ausgespannt ist und „Himmel" genannt wird.

## HEILIGSTES HERZ JESU
## DRITTER FREITAG NACH PFINGSTEN, HERZ-JESU-FEST

Das Fest stellt das durchbohrte Herz Jesu in den Mittelpunkt. In der Lanze wird die verletzende Kraft der menschlichen Sünde gesehen, das Herz steht für die Liebe Gottes gegenüber dem Sünder. In der Verehrung des durchbohrten Herzens identifiziert sich der Beter mit dem leidenden Christus und bittet für die, die diese Liebe nicht erkennen. Die Herz-Jesu-Verehrung geht auf die Auslegung von Texten

aus dem Johannesevangelium in der frühen Kirche zurück:
„Als sie (die Soldaten) aber zu Jesus kamen und sahen, dass er schon tot war, zerschlugen sie ihm die Beine nicht, sondern einer der Soldaten stieß mit der Lanze in seine Seite, und sogleich floss Blut und Wasser heraus“ (Johannes 19,33). Diese Stelle wird mit einem Wort Jesu im 7. Kapitel desselben Evangeliums in Verbindung gebracht: „Am letzten Tag des Festes, dem großen Tag, stellte sich Jesus hin und rief: Wer Durst hat, komme zu mir, und es trinke, wer an mich glaubt. Wie die Schrift sagt: Aus seinem Innern werden Ströme von lebendigem Wasser fließen. Damit meinte er den Geist, den alle empfangen sollten, die an ihn glaubten, denn der Geist war noch nicht gegeben, weil Jesus noch nicht verherrlicht war“ (Johannes 7,37–39). Das Wasser steht für die Taufe, das Blut für die Eucharistie. Weil beide Sakramente das Wesen der Kirche beschreiben, die aus dem Geist geboren ist, sieht die Theologie die Kirche aus der Seitenwunde Jesu geboren.
Als im Hochmittelalter die Verehrung des leidenden Christus in den Mittelpunkt rückte, entwickelte sich auch eine Herz-Jesu-Verehrung. Im 17. Jahrhundert führten die Jesuiten die Herz-Jesu-Andachten als Form der Volksfrömmigkeit ein. Diese erhielten Auftrieb durch die Visionen der Margareta Maria Alacoque († 1690). Papst Leo XIII. weihte zur Jahrhundertwende 1899 die ganze Welt dem Herzen Jesu. Herz-Jesu-Statuen, die Christus nicht am Kreuz, jedoch mit einer offenen Seitenwunde darstellen,

zeigen bis heute, wie der Katholizismus durch diese Frömmigkeit geprägt wurde. Das Herz-Jesu-Fest wird am Freitag in der Woche nach Fronleichnam gefeiert. Der erste Freitag im Monat wird als Herz-Jesu-Freitag begangen, verbunden mit der Beichte und einer Anbetung des eucharistischen Brotes. In dieser Herz-Jesu-Verehrung steht die Sühne und damit auch die Sündhaftigkeit des Menschen im Mittelpunkt. Zu dieser eucharistisch geprägten Frömmigkeit gehört die „Heilige Stunde", die auf Margareta Maria Alacoque (1674) zurückgeht: betrachtendes Gebet in der Kirche, das sich mit dem Leiden und Sterben Jesu, seiner Liebe und der Einsetzung des Abendmahls beschäftigt. Diese Gebetszeit liegt am Abend vor dem Herz-Jesu-Freitag. Verbunden mit dem Herz-Jesu-Freitag ist das monatliche Gebetsanliegen des Papstes.

Herz-Jesu-Bruderschaften, Ordensgemeinschaften und Genossenschaften haben die Herz-Jesu-Verehrung zum Zentrum ihrer Spiritualität gemacht und drücken diese auch in ihrem Namen aus, z. B. Missionare des Heiligsten Herzens Jesu.

## GEBURT DES HL. JOHANNES DES TÄUFERS 24. JUNI, „JOHANNISTAG"

Mitten im Sommer markiert der Johannistag die Sommersonnenwende. Der Tag liegt 6 Monate vor Weihnachten. Der 24. Juni sowie der 25. Dezember sind jeweils der 8. Tag vor dem folgenden Monatsersten. In dieser Zuordnung der Kalendertage findet sich das Verhältnis von Jesus und Johannes wieder, wie es in der Bibel beschrieben wird: Johannes wurde 6 Monate vor Jesus geboren (Lukas 1,36).

### *Johannisfeuer*

Die Sonnenwendfeuer werden auch auf Jesus hin gedeutet, sie sollen der auf dem Höhepunkt stehenden Sonne Beistand leisten. Die Sonne wird in den brennenden Rädern dargestellt, die ins Tal rollen. Kommen sie unten an, verheißt dies eine gute Ernte. Wenn man durch das Feuer springt und es umtanzt, hat das eine heilkräftige Wirkung. In das Feuer werden Kräuter geworfen, um so die Abwehrkraft des Feuers zu erhöhen. Im Feuer wird das Alte verbrannt. Die Asche bzw. Kohle aus dem Johannisfeuer bewahren noch lange ihre heilbringende Kraft, sie werden in die Felder gelegt.
Da die Feuer von den jungen Leuten veranstaltet werden, haben sie auch mit Liebe zu tun. Wer nicht zum Johannisfeuer kommt, wird niemals heiraten. Der Johannistag bringt Segen über Äcker und Vieh, das Feuer und die Kräuter unterstützen die Segenswirkung. An die Häuser werden Kräuter und Blumenkränze gehängt. Wenn die Kräuterbüsche über das Haus geworfen werden, soll das vor Unwetter schützen.

### *Taufkirchen*

Die Bedeutung der Taufe hat dazu geführt, dass die meisten Kirchen, die Johannes als Patron haben, nicht dem Apostel, sondern dem Vorläufer Jesu gewidmet sind.

## SIEBENSCHLÄFER
## 27. JUNI

Dieser Tag ist nicht der Geburtstag des schlafbedürftigen Tieres, sondern es wird der sieben Jünglinge gedacht, die nach der Legende 195 Jahre in einer Höhle schliefen. In diese hatten sie sich in der Verfolgung des Kaisers Decius 251 geflüchtet. Ihre Verfolger hatten sie eingemauert, bis sie am 27. Juni 446 gefunden wurden. Sie legten von ihrem Glauben an die Auferstehung der Toten Zeugnis ab und starben bald danach. In Rotthof in der Nähe von Passau ist die Höhle im Barock nachgebaut worden.

## PETRUS UND PAULUS
## 29. JUNI, „PETER UND PAUL“

Petrus, ein einfacher Fischer, Paulus, ein hochgebildeter jüdische Theologe, gründeten und prägten viele der ersten christlichen Gemeinden. Sie sind beide in Rom hingerichtet worden. Inschriften in den Katakomben machen es wahrscheinlich, dass dies zur Zeit des Kaisers Nero (54–68) war. Das Petrusgrab liegt unter der Peterskirche auf dem Vatikanhügel, Paulus ist in der gleichnamigen Kirche St. Paul vor den Mauern begraben. Petrus steht für das Papstamt, deshalb ist es für Rom bedeutsam, dass sich dort sein Grab findet. Paulus ist nach dem

Bericht der Apostelgeschichte als Gefangener, der auf Grund seines römischen Bürgerrechts an den Kaiser appelliert hatte, in Rom angekommen.

*Peterspfennig*
Obulus, Denarius, Census Sancti Petri. Gottesdienstkollekte am Fest der heiligen Petrus und Paulus (29. 6.) oder in dieser Zeit in allen Pfarreien der Welt zur Unterstützung der Arbeit des Papstes. Zurückgehend bis in das 8. Jh.

## MARIÄ HEIMSUCHUNG
## 2. JULI, FEST

Acht Tage nach dem Fest Johannes d. Täufers erinnert der 2. Juli an den Besuch Marias bei ihrer Kusine Elisabet, der Mutter des Johannes (Lukas 1,39-45). Das Fest wurde im Franziskanerordern gepflegt und beim Basler Konzil 1441 auf den 2. Juli gelegt.

## HUNDSTAGE
## 23. JULI–24. AUGUST

Es handelt sich nicht um eine christliche Festzeit. Vielmehr leitet sich der Name vom Hundsstern her, damit ist der Sirius gemeint, der am 23. Juli zusammen mit der Sonne aufgeht und die heißeste Zeit des Jahres einleitet.

## JAKOBUS DER ÄLTERE
## 25. JULI

Mitten im Sommer liegt das Fest des Heiligen, der durch die Wallfahrt nach Santiago de Compostela wieder viele Menschen zu einer Wallfahrt aufbrechen lässt. Viele Jakobskirchen deuten auf die mittelalterlichen Pilgerwege hin. Der Heilige, der am Westrand Spaniens verehrt wird, war der ältere Bruder des Apostels Johannes, er wurde von Herodes kurz nach dem Tod des Stephanus hingerichtet. Er soll vorher schon in Spanien gepredigt haben und von seinen Jüngern nach seinem Tod dorthin gebracht worden sein. Im 10. Jahrhundert hatte ein Einsiedler einen Traum, der zur Wiederauffindung der Gebeine führte. Wenn der 25. Juli auf einen Sonntag fällt, feiert man in Santiago ein Jakobusjahr, zu dem besonders viele Pilger kommen.

## VERKLÄRUNG DES HERRN
## 6. AUGUST

Das Fest nimmt Bezug auf eine besondere Erfahrung von Petrus, Jakobus und Johannes, die Jesus auf einen Berg, den Berg der Verklärung, mitgenommen hatte. Dort wurde er „vor ihren Augen verwandelt; sein Gesicht leuchtete wie die Sonne, und seine Kleider wurden blendend weiß wie Schnee“. Die Erscheinung des Göttlichen leuchtet nur kurz auf. Wie die Weisen aus dem Morgenland den Gesandten Gottes in dem Kind im Stall erkannten, so werden die Jünger in die Nähe des Geheimnisses geführt. Die Frömmigkeit der Orthodoxie ist von diesem Geheimnis tief durchdrungen. Deshalb gibt es dort seit dem 5. Jahrhundert das Fest der „Verklärung Jesu". Als im Mittelalter die einzelnen Stationen des Lebensweges Jesu in den Blick genommen wurden, fand das Fest auch Eingang in die westliche Kirche. 1457 wurde es nach dem Sieg über die Türken bei Belgrad für die lateinische Kirche verbindlich.

## MARIÄ AUFNAHME IN DEN HIMMEL 15. AUGUST, „MARIÄ HIMMELFAHRT"

Mitten im August wird ein Fest großer Hoffnung gefeiert. Maria, die Mutter Jesu, ist als ganzer Mensch dort angelangt, wo auch wir unsere endgültige Heimat finden sollen, sie ist mit Leib und Seele von Gott in den Himmel aufgenommen worden. Für diese Überzeugung spricht, dass es keinen Ort gibt, der beansprucht, die Reliquien Marias aufzubewahren. In der Ostkirche gibt es früh ein solches Fest, das im 6. Jahrhundert zum Staatsfeiertag im byzantinischen Reich erklärt wurde. Der 15. August ist ursprünglich das Marienfest der Jerusalemer Kirche. Das Motiv der Aufnahme Mariens in den Himmel und ihre Krönung als „Himmelskönigin" ist Motiv der meisten Altarbilder des Barock und vieler Deckengemälde. Nachdem der Tod im Dreißigjährigen Krieg so große Ernte eingefahren hatte, baute der Barock ein Abbild des Himmels. Der Besucher kann einen Blick in den Himmel werfen, das Ziel der irdischen Reise. In vielen Regionen ist mit diesem Tag ein Erntebrauch, die Kräuterweihe, verbunden. Verschiedene Kräuter werden zusammengebunden und gesegnet. Sie sollen vor Krankheit schützen und werden bei Gewitter im Ofen verbrannt.

## MARIA KÖNIGIN
## 22. AUGUST, MARIA REGINA

Das Fest ist jungen Datums, es wurde 1954 von Pius XII. zum Abschluss der Hundertjahrfeier der Verkündigung des Dogmas von der Unbefleckten Empfängnis eingeführt. Der Gedenktag lag bis zur Liturgiereform auf dem 31. Mai als Abschluss des Marienmonats. Jetzt ist er auf den Abschluss der Festzeit (Oktav) der Aufnahme Mariens in den Himmel (15. August) gelegt.

## MARIÄ GEBURT
## 8. SEPTEMBER

Die Bibel berichtet nichts über die Geburt Marias, deshalb leitet sich der Termin ihres Geburtstages von der Weihe einer Jerusalemer Kirche her, die der hl. Anna, der Mutter Marias geweiht wurde. Der 8. Dezember, das Fest der Unbefleckten Empfängnis, ist jünger als das Geburtsfest und liegt daher auf dem 8. Dezember.

## MARIÄ NAMEN
## 12. SEPTEMBER, „SCHUTZMANTELMADONNA"

Das Fest wurde 1683 als Dank für den Sieg über die Türken bei Wien eingeführt, der auch auf das Gebet zu Maria zurückgeführt wurde. In dem Gedenktag drückt sich das Vertrauen in die „Schutzmacht" Marias aus, die auch als „immerwährende Hilfe" angerufen und als Schutzmantelmadonna dargestellt wird.

## KREUZERHÖHUNG
## 14. SEPTEMBER

Am Vortag des 14. Septembers des Jahres 335 wurde die Grabeskirche in Jerusalem eingeweiht. Am Tag danach wurde den Menschen das wiedergefundene Kreuz gezeigt. „Erhöhung" besagt, dass das Kreuz als Siegeszeichen gesehen wurde, weil Jesus am Kreuz den Tod überwunden hat. Das Kreuz gab den Kreuzzügen den Namen, und der in Jerusalem verbliebene Rest ging in einer Schlacht am 4. Juli 1187 verloren. Wallfahrer nahmen Kreuzpartikel in das ganze Abendland mit, so dass Martin Luther spotten konnte, es gäbe „vom Heiligen Kreuz so viele Stücke, dass man ein Haus daraus bauen könnte". Der Eindruck täuschte, denn nachdem alle Partikel registriert wurden, stellte sich heraus, dass sie nur etwa zehn Prozent des ursprünglichen Kreuzes ausmachen. Es ist sogar wahrscheinlich, dass die Kaiserin Helena, die die Ausgrabung in Auftrag gab, das richtige Kreuz gefunden hat. Die Römer hatten, um den christlichen Kult zu unterbinden, einen Tempel über die Kreuzigungsstätte gebaut. Es wurde sogar die Inschrift, die Pilatus am Kreuz anbringen ließt, gefunden: „Jesus von Nazaret, König der Juden“. Sie wird in Rom in der Kirche „Santa Croce in Gerusalemme“ aufbewahrt. Als Sinnbild für eine der brutalsten Strafen der Antike war das Kreuz zunächst im Christentum verpönt. Die älteste Darstellung ist daher ein in die Wand geritztes Spottkreuz, das Jesus mit einem Eselskopf zeigt.

## GEDÄCHTNIS DER SCHMERZEN MARIENS 15. SEPTEMBER, „SIEBEN SCHMERZEN MARIENS“

Dieser Gedenktag folgt auf das Fest der Kreuzerhöhung. Das Fest entstand im Mittelalter, wurde vom Servitenorden gepflegt und 1814 von Pius VII. als Dank dafür, dass er aus der Gefangenschaft zurückkam, in die ihn der französische Soldatenkaiser Napoleon verbracht hatte, für die ganze Kirche eingeführt.

## MICHAEL, GABRIEL, RAFAEL 29. SEPTEMBER, „ERZENGELFEST“, „MICHAELISTAG“

Der Erzengel Michael ist der Schutzpatron der Deutschen. Das geht auf eine Synode im Jahr 813 zurück, auf der Ludwig der Fromme, Sohn Karls d. Gr., den

Michaelstag anstelle eines Festes des germanischen Gottes Wotan festlegen ließ. Die Verehrung dieses Engels ist in Italien schon seit dem 5. Jahrhundert nachzuweisen. In Süditalien geht eine Kirche auf dem Berge Gargano auf eine Erscheinung des Erzengels im Jahr 492 zurück. Am 29. September 493 wurde in Rom die Michaelskirche an der Via Salaria eingeweiht. Michael ist starker Beschützer, er geleitet die Toten in den Himmel, daher sind viele Friedhofskapellen dem hl. Michael geweiht. Als der Geisterglaube im frühen Mittelalter die Ängste der Menschen bestimmte, wurde Michael als Schutzmacht verehrt, der die Gemeinde Gottes gegen die vom Westen, vom Abend her andrängenden Mächte verteidigt. Deshalb wird Michael in den großen Westwerken der wie Burgen gebauten Kirchen lokalisiert.
Die Vorstellung vom deutschen Michel entsteht erst im 17. Jahrhundert. Zuerst ist es der „schreckliche deutsche Michel", für den der Reiteroberst Michael von Ortraut das Bild abgibt. Im 18. Jahrhundert steht der deutsche Michel für „Bauer" oder „Schlafmütze", ein Gutmütiger, Verträumter, eine unpolitische Karikatur, die die politische Situation des in über 300 Staaten zerfallenen deutschen Reiches spiegelt. Der Michaelistag ist mit Erntebrauchtum am Ende des Sommers verbunden.
Michael, Gabriel, Rafael haben jeweils die Silbe „El" in ihrem Namen, sie bedeutet „Gott", hergeleitet vom hebräischen Elohim, neben Jahwe einer der Gottesnamen. Michael (= Wer ist wie Gott?) stürzt

den Widersacher Gottes in den Abgrund. Die Flügel des Engels sind Zeichen dafür, dass ihm der Bereich der Luft, der als Wirkungsbereich des Satans gilt, zugänglich ist. Auf seine himmlische Herkunft verweist das Blau. Die Farbe Gold steht für den göttlichen Ursprung des Engels.
Der Name des Erzengels Gabriel wird wie der des heiligen Michael auch im Buch Daniel erwähnt (8,16; 9,21), wo er dem Propheten die Bedeutung von Visionen erschließt und ihm Botschaften von Gott überbringt. Im Neuen Testament kündet Gabriel die Geburt Johannes des Täufers (Lukas 1,11–20) und die Geburt Jesu an (Lukas 1,26–38). Im Islam ist Gabriel Vermittler göttlicher Offenbarungen an Mohammed. Sein Name heißt übersetzt „Kraft Gottes".
Der Erzengel Rafael (= Gott heilt) wird im Buch Tobit erwähnt. Er ist Begleiter des Tobias und heilt diesen von seiner Erblindung. Rafael wird daher neben den „Drei Königen" zum Patron der Reisenden und gibt dem kirchlichen Rafaels-Werk seinen Namen, das die Auswanderer betreut.

## ROSENKRANZMONAT OKTOBER

Das tägliche Gebet des Rosenkranzes in den Kirchen während des Monats Oktober wurde durch Papst Leo XIII. 1883 vorgeschrieben. Der Monat Oktober wurde im Zusammenhang mit dem Rosenkranzfest am 7. Oktober gewählt. Der Rosenkranz wird an den Abenden in den Familien oder in Kirchen und Kapellen gebetet. Die Gebetsform entwi-

ckelte sich im Mittelalter und nahm im Barock einen neuen Aufschwung. Es wurden Rosenkranzbruderschaften gegründet. In den Türkenkriegen war der Rosenkranz vor allem ein Bittgebet. Historisch wird der Sieg über die Türken bei Lepanto am 7. Oktober 1571 dem Gebet der Rosenkranzbruderschaften zugeschrieben. Das Rosenkranzgebet als Reaktion auf Bedrohungen und Katastrophen ist auch heute immer wieder zu beobachten.
Der Rosenkranz verbindet mit dem Mariengebet die Meditation der wichtigsten Ereignisse des Lebens Jesu. Diese Ereignisse werden „Geheimnisse“ oder auch „Gesätze“ genannt und zu Fünfergruppen zusammengestellt: die fünf freudenreichen Geheimnisse (weihnachtliche Verkündigung), die fünf schmerzhaften Geheimnisse (Passion des Herrn) und die fünf glorreichen Geheimnisse (österliche Geheimnisse). Im Oktober 2002 hat Papst Johannes Paul II. den Rosenkranz um fünf „lichtreiche Geheimnisse“ erweitert, die Ereignisse aus dem Leben Jesu meditieren.

## HEILIGE SCHUTZENGEL 2. OKTOBER, „SCHUTZENGELFEST“

„Ich werde einen Engel senden, der dir vorausgeht. Er soll dich beschützen auf deinen Wegen und dich an den Ort bringen, den ich bestimmt habe“, verheißt Gott dem Volk Israel. Das Volk soll „auf seine Stimme hören und alles tun, was Gott sagt.“ Denn in dem Engel ist Gottes Name gegenwärtig (Exodus 23,20-22). Diese Verheißung wird bis heute von Menschen als trostvoll erfahren. Die Vorstellung eines persönlichen Engels wurde auch von Jesus geprägt. „Hütet euch davor, einen von diesen Kleinen zu verachten! Denn ich sage euch: Ihre Engel im Himmel sehen stets das Angesicht meines himmlischen Vaters“ (Matthäus 18,10). Die Verehrung des Schutzengels geht auf das 1. Jahrtausend zurück, der 2. Oktober steht in Zusammenhang mit dem Michaelistag.

## ERNTEDANK
## ERSTER OKTOBERSONNTAG BZW. MICHAELISTAG

Ernte heißt Sicherheit für den Winter, Freude an den Früchten, aus dem Vollen schöpfen. Die Religionen verstehen die Früchte, Getreide und Wein als Gaben des Schöpfers, der die von ihm geschaffenen Lebewesen am Leben erhält. Im Gottesdienst wird dieser Dank zum Ausdruck gebracht. Erntefeste gab es schon vor dem Christentum, bereits im 3. Jahrhundert hat die Kirche in Rom ein dortiges Erntedankfest übernommen. In unseren Breiten gehören Weinfeste, die Martinsgans wie auch das Kohlessen im Norden zum Erntedankbrauchtum. Der Almabtrieb steht ebenfalls im Zusammenhang mit dem Erntedank. Die evangelischen Christen verbinden den Michaelistag (29. September) mit dem Erntedank, in den katholischen Gemeinden werden meist am ersten Sonntag im Oktober Früchte, Getreide und Obst an den Altar gelegt. Nach den Gottesdiensten wird gefeiert und getanzt. Weinfeste und Jahrmärkte (Kirmes) gehören in den Herbst. Die letzte Garbe wird zu einer Puppe ausstaffiert, die auf dem Feld als „Opfergabe" bleibt oder zum Erntefest mitgenommen wird. Mit der Garbenpuppe wird ein Ehrentanz aufgeführt

**UNSERE LIEBE FRAU VOM ROSENKRANZ**
**7. OKTOBER, „ROSENKRANZFEST"**

Das Fest wurde 1572 von Pius V., ein Jahr nach dem Sieg über die Türken am 7. Oktober 1571 in der Seeschlacht von Lepanto, eingeführt. Es sollte in allen Kirchen, die einen Rosenkranzaltar hatten, gebetet werden. Nach dem Sieg über die Türken bei Peterwardein (Ungarn) 1716 wurde das Fest auf die ganze Kirche ausgedehnt. Das Fest bezieht sich auf den Rosenkranz als Bittgebet, durch das Maria um ihre Hilfe und ihren Schutz angefleht wird. Maria wird als Königin des Rosenkranzes verehrt, weil das Rosenkranzgebet ursprünglich als Gabe an Maria, in Form von Rosen, gebetet wurde. Das Fest ist älter als der Rosenkranzmonat Oktober, der erst 1883 eingeführt wurde.

## KIRCHWEIHFEST
## DRITTER SONNTAG IM OKTOBER ODER ÖRTLICHER FESTTERMIN

Neben dem Gedenktag des Kirchenpatrons wird bereits seit dem 4. Jahrhundert der Kirchweihtag einer Kirche begangen. Wenn von Heiligen der Todestag nicht bekannt ist, wird ihr Fest an dem Tag gefeiert, an dem ihnen eine Kirche geweiht wurde. Kirchweih und Heiligengedenken stehen auch deshalb in einem Zusammenhang, da Gottesdienste über den Gräbern von Märtyrern gefeiert wurden, die in der Krypta begraben oder deren Reliquien in den Altar eingelassen sind. Der Kirchweihtag ist ein örtliches Fest, das nicht selten eine Woche lang gefeiert und, vor allem im Herbst, mit einem Jahrmarkt verbunden ist: Kirmes. Heute sind diese lokalen Feiern in den Städten durch die Pfarrfeste abgelöst. Neben dem lokalen Kirchweihfest werden in der ganzen Kirche die Kirchweihtage der vier römischen Kirchen gefeiert: Lateranbasilika am 9. November, St. Peter am 18. November, St. Paul vor den Mauern ebenfalls 18. November, S. Maria Maggiore am 5. August. Hinzu kommt in jedem Bistum der Kirchweihtag der Domkirche.

### *Kirmes, der Jahrmarkt*

Das Wort Kirmes leitet sich von Kirchmesse her, die zum Gedenken an die Kirchweihe gefeiert wird. Da Kirchweihfeste häufig mit Märkten verbunden waren, erklärt sich die Bezeichnung „Messe“ für Ausstellungen. In der Regel liegen diese Jahrmärkte im Herbst und sind mit der Ernte verbunden. Ein Kirchweihfest konnte eine Woche dauern. Da es auf solchen Feiern nicht nur bei Tanz und gutem Essen blieb, sondern die Ausgelassenheit in Raufereien umschlug, drängte die Kirche darauf, die Jahrmärkte von den Kirchweihtagen zu trennen. Um das Feiern einzugrenzen, verfügt Joseph II., 1765 bis 1790 Kaiser von Österreich, dass alle Kirmes- und Kirchweihtermine auf das dritte Oktoberwochenende gelegt werden.

## REFORMATIONSFEST
## 31. OKTOBER

Am Tag vor Allerheiligen hat Martin Luther seine 95 Thesen zum Ablass veröffentlicht. Daher gilt dieser Tag als Beginn der Reformation. Dieser Gedenktag wurde von Georg II. von Sachsen 1667 auf den 31. Oktober festgelegt, nachdem er auch am Geburtstag Luthers, dem 10. November, am 18. Februar, seinem Todestag, oder am 25. Juni, der Übergabe der Confessio Augustana an den Kaiser, gefeiert worden war. Am Reformationstag versichern sich die evangelischen Christen ihres Ursprungs und der Motive der Reformation.

## HALLOWEEN
## 31. OKTOBER

Das ausgelassene Treiben dieses ursprünglich keltischen Brauchs kommt aus Irland. Mit dem 31.

Oktober endete das Jahr, so dass Halloween wie Silvester gefeiert wird. Hollows kommt von „Heilige" und steht damit in direktem Zusammenhang mit dem ebenfalls aus Irland stammenden Festtermin für Allerheiligen als Gedächtnis der Heiligen, denen kein eigener Gedenktag gewidmet ist. Seit den neunziger Jahren des 20. Jahrhunderts wird das vor allem in den USA gepflegte Brauchtum in Deutschland übernommen und verdrängt damit das Reformationsfest, an dem die evangelischen Christen des Beginns der Reformation gedenken.

## ALLERHEILIGEN
## 1. NOVEMBER

Auch wenn man am 1. November die Gräber der Verstorbenen besucht, ist der Allerheiligentag ein freudiges Fest. Es wird der Menschen gedacht, für die kein eigener Gedenktag vorgesehen ist. In der Festmesse findet sich die Vision der Geheimen Offenbarung von den Geretteten: „Danach sah ich: eine große Schar aus allen Nationen und Stämmen, Völkern und Sprachen; niemand konnte sie zählen. Sie standen in weißen Gewändern vor dem Thron und vor dem Lamm und trugen Palmzweige in den Händen" (Offenbarung 7,9). Es werden weiter die Seligpreisungen der Bergpredigt gelesen, die die Geretteten als Richtschnur für ihr Leben gewählt haben. Sie sind jetzt selig.

Da der Allerheiligentag meist arbeitsfrei ist, besuchen viele an diesem Tag die Gräber ihrer Verstorbenen, entzünden ein Licht und stellen Herbstblumen und, als Zeichen der Hoffnung, grüne Zweige auf die Gräber.

## ALLERSEELEN
## 2. NOVEMBER

Die Verstorbenen, die noch im Fegefeuer geläutert werden, bedürfen der Fürbitte der noch Lebenden, vor allem ihrer Verwandten. Diese können Gott bitten, dass er die Seelen aus dem Fegefeuer, dem Ort der Reinigung, befreit. Durch die Feier der Messe wird Gott angefleht. Deshalb können Priester bis zu drei Messen feiern. Ein Gedächtnis der Verstorbenen wurde schon früh gefeiert, meist in Verbindung mit Ostern, dem Tag der Auferstehung. Der 2. November geht auf eine irische Tradition zurück.

Die Lichter, die auf die Gräber gestellt werden, symbolisieren die Seelen der Verstorbenen. Die Gräber werden nicht nur deshalb mit immergrünen Zweigen geschmückt, weil das am Beginn des Winters sinnvoll ist, sondern weil Grün die Farbe der Hoffnung ist und immergrüne Pflanzen zudem Ausdruck der Treue sind.

## MARTIN
## 11. NOVEMBER, „MARTINSTAG"

Am 11. November 397 wurde der Bischof Martin von Tours beigesetzt, am 8. 11. war er gestorben. Martin wurde um 316 im heutigen Ungarn geboren. Als

Sohn eines römischen Offiziers war er gesetzlich zum Militärdienst verpflichtet. Sein Name leitet sich vom lateinischen Kriegsgott Mars her. Die Begebenheit, an die bis heute das Martinsbrauchtum erinnert, ereignete sich 334 in Amiens. Es ist kalt. Martin ist 18 Jahre alt und noch kein Christ. Er begegnet einem Bettler am Stadttor und teilt spontan seinen Mantel mit ihm. In der Nacht danach erscheint ihm Christus im Traum und gibt sich als der Bettler zu erkennen, dem Martin den Mantel geschenkt hat. Martin lässt sich taufen, er wird Schüler des Bischofs Hilarius von Portiers, gründet ein Kloster und wird 10 Jahre später gegen seinen Willen zum Bischof von Tours gewählt. Die Legende erzählt, dass er sich in einem Gänsestall versteckt hatte, um sich dem Amt zu entziehen, jedoch von den Gänsen durch ihr Geschnatter verraten wurde. Als Bischof hält Martin das asketische Leben bei. Er pflanzt das Christentum ein, kämpft gegen keltische Kulte und fällt wie Bonifatius kultisch verehrte Bäume. Weil er Menschen heilt, werden ihm außergewöhnliche Kräfte zugeschrieben. Der Frankenkönig Chlodwig bestimmt Martin zum Nationalpatron der Franken. Da schon bald sein Leben von Sulpicius Severus beschrieben wird, wird er über die Grenzen des Frankenreiches hinaus bekannt. Martin, dem Heiligen der Franken, werden viele Kirchen geweiht, allein in Frankreich über 3000, in Deutschland z. B. der Mainzer Dom und Groß St. Martin in Köln.

### *Martinsgans, Martinsminne und Beginn der Fünften Jahreszeit*

Mit dem Martinstag schließt das bäuerliche Jahr. In den Spinnstuben wurde das Licht angezündet, wo es bis zum 2. Februar, Mariä Lichtmess, abends brannte. Der Martinstag war auch Termin für die Ablieferung der Pacht. Die Martinsgans ist eine Form der Pachtzahlung. Dass die Gänse am 11. November in die Bratröhre wandern, hängt mit der besonderen Bedeutung des 11. Novembers zusammen. Mit ihm beginnen die 40 Tage vorweihnachtlicher Fastenzeit, die sich vom 6. Januar her rechnet. Der Beginn des Karnevals ist daher ursprünglich nicht aus der Zahlenkombination 11. 11. zu erklären, sondern es wurde, dem Karneval vergleichbar, der Übergang zu einer Zeit des Fastens mit reichlich Essen und Ausgelassenheit gefeiert. Es musste ja das verzehrt werden, was dem Fastengebot unterliegt.
Der Martinstag war einem heutigen Kündigungstermin vergleichbar, Gesinde wurde entlassen und mit einer Gans beschenkt. Mägde und Knechte wurden neu eingestellt.
Der erste Wein eines Jahrgangs heißt auch Martinsminne, weil er am Martinstag, dem 11. November, bei der Festtafel, an der die Martinsgans auf den Tisch kommt, getrunken wird.

## BUß- UND BETTAG
## MITTWOCH VOR DEM EWIGKEITSSONNTAG

Auf diesen Termin wurden verschiedene Bußtage in der evangelischen Tradition zusammengezogen. Die Eisenacher Konferenz hat mit Beschlüssen aus den Jahren 1853 und 1878 den Mittwoch vor dem Totensonntag vorgeschlagen, der von den Landeskirchen wie auch von der Schweiz übernommen wurde. Der Buß- und Bettag war nicht zuletzt deshalb ein staatlicher Feiertag, weil dieser Tag für eine wichtige Dimension des Zusammenlebens stand – bis er zur Finanzierung der Pflegeversicherung abgeschafft wurde. Nicht wenige evangelische Gemeinden haben auf Grund dieses staatlichen Eingriffs die Thematik dieses Tages intensiviert.

## THANKSGIVING
## VIERTER DONNERSTAG IM NOVEMBER

Das amerikanische Erntedankfest liegt Ende November und hat wie das Martinsfest Geflügel im Zentrum des Festmahles. Nicht die Gans, sondern der amerikanische Truthahn hebt dieses Mahl besonders heraus. Wie an anderen Erntefesten sind die Menschen von Dank erfüllt und genießen, was sie geerntet haben. Das Fest hat seine Wurzeln wohl bei den Einwanderern, der älteste Bericht geht auf das Jahr 1621 zurück, vom Truthahn als notwendigem Bestandteil des Festmahls wird bereits aus dieser Zeit berichtet. Zum Festtag gehört eine kurze Ansprache des amerikanischen Präsidenten.

## EWIGKEITS- ODER TOTENSONNTAG
## SONNTAG VOR DEM 1. ADVENT

Das Gedächtnis der Toten ist durch die beiden Weltkriege so drängend geworden, dass der Toten- und Ewigkeitssonntag, der von König Friedrich Wilhelm III. 1816 eingeführt wurde, im öffentlichen Bewusstsein einen festen Platz gewonnen hat. Die Tradition, an einem Tag des Jahres der Toten öffentlich zu gedenken, gibt es in den evangelischen Kirchen seit dem 16. Jahrhundert. Der Totensonntag liegt jetzt auf dem letzten Sonntag des Kirchenjahres.

## CHRISTKÖNIGSSONNTAG
## LETZTER SONNTAG IM KIRCHENJAHR

Am Ende des Kirchenjahres, d. h. am Sonntag vor dem 1. Advent, wird das Hochfest vom Königtum Christi gefeiert. Im Mittelalter bezeichneten sich die Kaiser als Stellvertreter Christi, während dem Papst der Titel „Nachfolger Petri“ zukam. Bis ins 20. Jahrhundert gibt es die Vorstellung, dass der König seine Macht unmittelbar von Gott herleitet, nicht von Volkes, sondern „von Gottes Gnaden“ sein Amt ausübt. Jesus Christus stammt aus dem Königsgeschlecht Davids. Er ist der verheißene Messias, der Gesalbte des Herrn (griechisch Christos), der die Königsherrschaft Gottes ankündigt und mit seiner Person verbindet. Die Gesetze des Königreiches sind im Kern die Gottes- und die Nächstenliebe, die sich vom Gottes-

dienst aus in die Gestaltung des alltäglichen Lebens, in die ganze Stadt, in die Welt hinaus ausbreiten sollen. Das Königtum Jesu wird von den Christen durch den Titel Kyrios ausgedrückt, der eigentlich dem Kaiser von Rom zustand. Der auferstandene Christus wird anstelle des Kaisers als Pantokrator, d. h. als Weltenherr verehrt. Nicht zuletzt deswegen gerieten die Christen in Konflikt mit dem römischen Staat. Sie erkannten zwar die staatliche Macht an, verweigerten ihr aber kultische Verehrung. Das heutige Christkönigsfest wurde 1925 von Papst Pius XI. eingeführt.
In der Zeit des Dritten Reiches und auch noch in der Nachkriegszeit galt dieser Tag einer Demonstration der Katholiken, vor allem der Jugend, wen sie als ihren König anerkennen. Ein weiterer Grund, das Fest einzuführen, war die 1600-Jahrfeier des Konzils von Nicäa 325. Der Termin für das Fest war der letzte Sonntag im Oktober, vor dem Fest Allerheiligen am 1. November. Das Christkönigsfest war zum Bekenntnistag der Jugend geworden, der ursprünglich auf dem Dreifaltigkeitssonntag, dem Sonntag nach Pfingsten, lag. Als die Nationalsozialisten das Reichssportfest auf diesen Sonntag legten, wurde der Christkönigssonntag zum Bekenntnistag der Jugend. Die Liturgiereform nach dem II. Vatikanischen Konzil hat das Fest vom Oktober in den November, auf den letzten Sonntag des Kirchenjahres gelegt. Am Ende des Kirchenjahres beinhaltet das Christkönigsfest einen Ausblick auf das Ende der Zeiten, wenn Jesus seine Königsherrschaft in vollem Umfang ausübt. Dann ist das Reich Gottes verwirklicht.

## ZÄHLUNG DER SONNTAGE UND AUFBAU DER LITURGISCHEN BÜCHER

Im Mittelpunkt der Feste stehen die Gottesdienste. Durch die Lesungen wird der Festgedanke akzentuiert. An normalen Sonntagen, wenn kein besonderes Fest wie z. B. Pfingsten gefeiert wird, berichten die Evangelientexte von der Lehre und den Heilungstaten Jesu. Für die großen Feste wie auch für die normalen Sonntage gibt es drei Zyklen, Lesejahr A, B, und C genannt, so dass der Gottesdienstbesucher einen größeren Teil des Alten und Neuen Testaments im Verlauf von 3 Jahren hören kann. Wenn eine Jahreszahl durch drei teilbar ist, werden die Texte aus dem Lesejahr C gelesen.

Für die Zeiten zwischen dem 6.Januar und Aschermittwoch sowie zwischen Pfingsten und dem 1. Advent sind die Sonntage durchnumeriert. Es bleiben dann noch 34 Sonntage, die weder dem Weihnachtsfestkreis noch dem Osterfestkreis zugeordnet sind. Die Lesungen für die Wochentage orientieren sich an der Nummer des jeweiligen Sonntags. Da der Sonntag der erste Tag der (jüdischen) Woche ist, folgt z. B. auf den 12. Sonntag im Jahreskreis die 12. Woche, die jeweils am Samstagabend um 18 Uhr endet. Daher kann man am Samstagabend bereits den Sonntagsgottesdienst feiern.

Um herauszufinden, welcher Sonntag gerade gefeiert wird und welche Lesungen für die Wochentage vorgesehen sind, gibt es in jeder Sakristei ein sog. Direktorium. In Kirchenzeitungen finden sich eben-

falls die Angaben für die kommende Woche. Im Direktorium ist für jeden Tag angegeben, was gefeiert wird. Das ist nicht nur wegen der Sonn- und Feiertage wichtig, sondern auch für die einzelnen Wochentage. Denn die Heiligenfeste sind nicht nach dem Wochenrhythmus festgelegt, sondern nach dem Monatsdatum. Wie Weihnachten auf verschiedene Wochentage fallen kann, so auch z. B. der Gedenktag des heiligen Franziskus am 4. Oktober. Wenn kein größeres Fest und auch kein Heiligengedenktag auf den Wochentag fällt, wird die Messe „vom Tag“ mit ihren Lesungen zugrunde gelegt. Für die Wochentage gibt es nicht drei, sondern nur zwei Zyklen. Sie heißen Lesejahr I und II. Es ändert sich, anders als bei den drei Zyklen für die Sonn- und Feiertage nicht die Auswahl der Evangelientexte, sondern nur die sog. 1. Lesung, da hierfür die Auswahl sehr viel größerer ist. Während für die Lesung aus den Evangelien nur vier Evangelien zur Verfügung stehen, kann für die 1. Lesung aus dem gesamten Alten Testament sowie aus der Apostelgeschichte, den Briefen und der Geheimen Offenbarung des Neuen Testaments ausgewählt werden.
Für die Zählung der Sonntage und damit der Wochen noch ein Hinweis: Früher wurden diese als „Sonntage nach Epiphanie“ und „Sonntage nach Dreifaltigkeit“ oder „Trinitatis“ (das ist der Sonntag nach Pfingsten) gezählt. Mit der Liturgiereform nach dem II. Vatikanischen Konzil, die 1969 in Kraft trat, wurden die oben beschriebenen Leseordnungen und die Zählung der Sonntage eingeführt. Die

evangelischen Kirchen zählen weiter „nach Epiphanie“ und „nach Trinitatis“.

## LESEORDNUNG DER EVANGELISCHEN KIRCHE

Die Evangelischen Landeskirchen haben für die Lesungen an den Sonntagen die altkirchliche Ordnung bis heute bewahrt, die von der katholischen Kirche nach dem Konzil von Trient schon modifiziert worden war und mit der Liturgiereform des II. Vatikanischen Konzils gänzlich aufgegeben wurde. Im evangelischen Gottesdienst werden an den Sonn- und Feiertagen mindestens zwei Lesungen vorgetragen, auch drei sind möglich, immer wird ein Text aus einem der vier Evangelien gelesen. Die Leseordnung ist für jedes Jahr gleich. Eine größere Vielfalt bieten die sog. Predigttexte, auf die sich die Predigt bezieht. Dafür gibt es sechs Reihen. Die Reihe 1 orientiert sich an den Evangelientexten der Sonntage, die Reihe 2 an den Lesungen aus den neutestamentlichen Briefen. Die Reihen 3 und 5 legen weitere Texte aus den Briefen zugrunde, die Reihen 4 und 6 wählen aus weiteren Evangelientexten aus. In den Reihen 3-6 findet sich jeden 4. Sonntag ein Predigttext aus dem Alten Testament.

## MARIENFESTE UND -GEDENKTAGE

| | |
|---|---|
| Unbefleckte Empfängnis Mariens | 08.12. |
| Hochfest der Gottesmutter Maria | 01.01. |
| Unsere Liebe Frau in Lourdes | 11.02. |
| Unsere Liebe Frau von Fatima | 13.05. |
| Unbefleckte Herz Mariä<br>Samstag nach Herz-Jesu-Fest | |
| Mariä Heimsuchung | 02.07. |
| Sieben Freuden Mariens, Lätitia | 05.07. |
| Unsere Liebe Frau auf dem Berge Karmel | 16.07. |
| Weihe der Basilika Santa Maria Maggiore in Rom, Maria Schnee | 05.08. |
| Mariä Himmelfahrt | 15.08. |
| Maria Königin | 22.08. |
| Mariä Geburt | 08.09. |
| Mariä Namen | 12.09. |
| Gedächtnis der Schmerzen Mariens | 15.09. |
| Unsere Liebe Frau vom Rosenkranz | 07.10. |
| Unsere Liebe Frau in Jerusalem,<br>Mariä Opferung, Mariä Tempelgang | 21.11. |

## APOSTELFESTE

| | |
|---|---|
| Johannes, Apostel | 27.12. |
| Bekehrung des Ap. Paulus | 25.01. |
| Kathedra Petri | 22.02. |
| Matthias | 24.02. |
| Philippus und Jakobus d. Jüngere | 03.05. |
| Petrus und Paulus | 29.06. |

| | |
|---|---|
| Thomas | 03.07. |
| Jakobus d. Ältere | 25.07. |
| Bartholomäus | 24.08. |
| Matthäus | 21.09. |
| Simon und Judas Thaddäus | 28.10. |
| Andreas | 30.11. |

## IN DER WELTKIRCHE UND IN DEUTSCHLAND VEREHRTE HEILIGE

| | |
|---|---|
| Barbara | 04.12. |
| Nikolaus von Myra | 06.12. |
| Ambrosius v. Mailand (kath. Gedenktag) | 07.12. |
| Stephanus | 26.12. |
| Timotheus und Titus | 26.01. |
| Thomas von Aquin | 28.01. |
| Blasius | 03.02. |
| Cyrill und Method | 14.02. |
| Polykarp | 23.02. |
| Perpetua und Felizitas | 07.03. |
| Patrick v. Irland | 17.03. |
| Josef, Bräutigam der Gottesmutter Maria | 19.03. |
| Ambrosius v. Mailand (ev. Gedenktag) | 07.12. |
| Anselm v. Canterbury | 21.04. |
| Markus, Evangelist | 25.04. |
| Katharina v. Siena | 29.04. |
| Athanasius | 02.05. |
| Beda | 25.05. |
| Philipp Neri | 26.05. |
| Justin | 01.06. |
| Bonifatius (Winfried) | 05.06. |

| | |
|---|---|
| Barnabas | 11.06. |
| Antonius v. Padua | 13.06. |
| Johannes der Täufer | 24.06. |
| Irenäus | 28.06. |
| Benedikt v. Nursia | 11.07. |
| Maria Magdalena | 22.07. |
| Laurentius | 10.08. |
| Klara v. Assisi | 11.08. |
| Bernhard v. Clairvaux | 20.08. |
| Monika | 27.08. |
| Augustinus v. Hippo | 28.08. |
| Johannes Chrysostomus | 13.09. |
| Franziskus von Assisi | 04.10. |
| Ignatius v. Antiochien | 17.10. |
| Lukas, Evangelist | 18.10. |
| Elisabeth v. Thüringen | 19.11. |
| Klemens | 23.11. |

## QUATEMBERTAGE

- in der erste Adventswoche
- in der Woche nach dem 1. Fastensonntag
- in der Woche vor Pfingsten
- in der ersten Oktoberwoche

# REGISTER